好嘉教

臺灣教育心視界

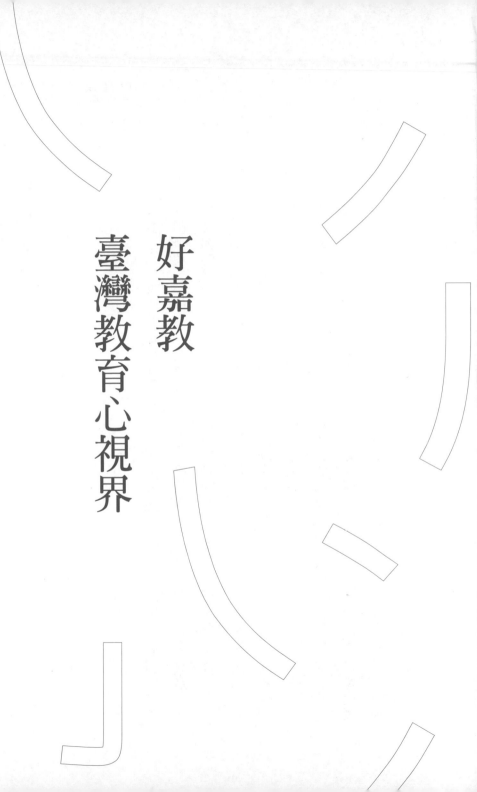

【推薦的話】教育是一場修煉！

文／張花冠（嘉義縣縣長）

回想二〇〇九年我當選嘉義縣第十六屆縣長時，勝選的喜悅僅止於開票的夜晚。原因無他，不像臺北、臺中與高雄等富饒的直轄市，嘉義縣可說是全臺最老、最苦與最窮的縣市。我承接的不僅是行政首長的冠冕，更是永無止盡的重責大任。

擔任縣長期間，我除了想辦法解決先前縣長所遺留高達二四〇億以上的財政債務缺口，努力償還債務，積極發展嘉義的產業新時代、農業新時代與文觀新時代外，我更希望透過教育環境的改善，翻轉嘉義的命運。

過去嘉義縣未能搭上臺灣經濟起飛發展的列車，導致人口大量外移。漸漸地，嘉義縣許多學校都面臨到少子化的危機，嘉義縣內少於五十人的國中小學校數就高達三分之一。相較於都市的學童，嘉義縣的小孩不免帶著強烈的「弱勢感」，自卑於自身所處的境域，苦惱於環境所設的侷限。

然而，我一直深信，嘉義的孩子並不笨，他們欠缺的是適當的教育機會與環境配套。我們必須透過教育的改革來消磨偏鄉孩童的弱勢感。藉由教育將悲歡修煉成愉悅，將偏鄉的弱勢感修煉成南方的自信心。

二〇一一年時，透過各方的推薦，我尋覓到當時尚在臺南服務的王建龍處長。王處長自幼生長於北門，家裡從事養殖漁業。與多數鄉下子弟相同的是，王處長具備勤奮、質樸的特質。當他面對困境時，從不輕言放棄。更重要的是，王處長並非一般典型的公務人員。相反的，他於大學畢業後，曾在部隊營區做過小生意，也當過保險業務員。換句話說，他不僅出生於基層，歷練於民間，更茁壯於民間。他不但清楚民間的需求，同時也善於利用公務行政資源予以改革翻轉。

我深刻體會到，在王處長的協助下，嘉義的教育開始有了轉變。不同於都會學校對升學主義的狂熱，嘉義縣強調的是生活教育與品格教育。迥異於傳統教育體制鐵板一塊的教育概念，嘉義縣冀望的是發展能適性分流教育。因此，王處長推動了「嘉教五讚」，與大學院校結合，共同奠定嘉義教育的創新與實驗教育的基礎。與此同時，王處長還提出結合技職教育，讓我們的國中學生進行其職業性向探索的洞見。嘉義縣的教育也因此於我擔任縣長期間，開始出現新的方向、新的創舉、新的實踐，同時也為嘉義子弟帶來新的可能性。

王處長數十年公職的歷練與第一線教育現場的經驗，絕對是值得記錄的豐富文本。王處長發願利用公務之餘，試圖留下教育創造感動的真誠良心與動人故事，終能完成了《好嘉教，臺灣教育心視界》一書。本書爬梳了嘉義縣這幾年教育政策的變化，紀錄第一線工作者所面臨的教育困境。此外，王處長亦對當今的教育現況與十二年國教政策，提出了諸多鞭辟入裡的真知灼見。如今王處長的大作即將付梓，賀喜的同時，我也在此感謝他多年來為嘉義教育的辛勞付出。

教育是場修煉，是永不停歇的奮鬥與邁進。如同嘉義人永不放棄的性格，我們為嘉義教育事業的熱情亦將如同帕德嫩神廟內的聖火，永恆而熾熱。

【推薦的話】偏鄉教育創新

文／吳思華（前教育部長）

社會上常有人批評臺灣的教育，但我個人在教育部近兩年服務期間的親身接觸，卻有完全不同的感受。尤其是國民教育階段，無論在體制內或體制外，都有很多令人尊敬的朋友們，終身默默的付出、身體力行，為教育的創新轉型辛苦耕耘。隨便想想，都會有上百個臉孔浮現在眼前。嘉義縣教育處王建龍處長和在嘉義山區、海邊服務的校長老師們，都是我心目中的創新英雄。

王處長出生臺南鄉下，在父親教誨下苦讀出身。大學畢業後進入行政部門工作，因緣際會開始了他的教育行政服務人生。王處長關心教育、為人直爽熱情，記得我第一次主持全國局處長會議時，社會上正為十二年國教的入學分發制度爭吵不休，城鄉意見迴異，建龍處長多次針對實務困境勇於發言，都讓我留下深刻的印象，也學習到很多。

在隨後的日子裡，因為工作需要，常到偏鄉離島瞭解國教現場遇到的問題。多次到嘉義訪問，親身感受建龍處長在當地排除萬難不畏困境的耕耘，更讓我佩服他的用心。

嘉義位於南臺灣西部，名勝景點多。一般人在討論偏鄉教育時，容易提到臺東、花蓮、南投、澎湖，但很難想到嘉義，民間資源自然很少流入。

事實上，嘉義是一個農業縣，長期以來工商業不發達，人口外流嚴重。境內國小六班以下學校超過三分之二，學生人口少、教育成本高；境內高山峻嶺多、交通不便，教師流動率高，教育成效也無法提高。如何突破困境，需要有心人的努力。

建龍處長這幾年在嘉義服務期間盡心盡力，嘗試翻轉偏鄉孩童的學習命運。他一方面重建偏鄉教育的新理念、到處宣揚，為孩童爭取更多的學習機會；一方面掌握社會上對教育創新翻轉的期待，推動實驗教育、小校轉型、混齡教育、異地遊學等新策略，同時深化學科能力與五大基本能力，讓學生多元學習與適性發展。短短幾年，已可以看到初步的成果，假以時日，必能孕育出臺灣教育翻轉的新典範。

從建龍處長和嘉義校長老師們辛苦耕耘的具體案例中，我們可以清楚的學習到：教育創新之道，在於主事者擁有人本、在地、宏觀的人文精神，同時具備創意實作的經營能力，就地取材、匯聚資源、動手實作；更重要的是，他們都能善用數位平台，建立社群、分享資源、共創價值。

臺灣社會非常重視下一代的教育，無論政府或家庭都投注很多的資源。但環境的變化很快，一定要鼓勵更多第一線的教育伙伴們，從現實的問題解決出發，發展多元創新模式，才能真正幫助到學生。嘉義縣教育行政和學校共同合作，所形塑的案例與蓄積的知識經驗值得我們珍惜，這應該是本書出版最大的意義。

期盼更多的伙伴堅持教育理念，勇敢的去實驗創新，也讓我們給這些願意承擔責任的朋友們更多的支持與掌聲。

【推薦的話】臺灣教育不翻轉，偏鄉子弟注定貧困世襲！

文／李濤（關懷臺灣文教基金會董事長）

臺灣教育不翻轉，偏鄉子弟注定貧困世襲！嘉縣教育處長王建龍，揹上變革十字架，不畏艱辛奮力前行。

「咱偏鄉孩子才華絕不輸人，但是，僵硬制度不鬆綁，不因材施教，對咱的子弟真不公平」。面目黧黑的王處長，前年的酷夏專程北上為山區孩子實驗學校求師資，募交通費四處請託，忙了一天，挫折，疲勞寫在他的臉上，可是，一談到孩子的希望，王處長眼神閃亮，熱情奔放的娓娓述說他的教育改革理念，他智慧憨直的教育批判一針見血，戳破許多早該拋棄的觀念，「不對症下藥的教育制度，虛耗誤孩子」，建龍處長明白指出當今偏鄉教育的困境。

關懷臺灣文教基金會，最近深入報導的熱血老師系列故事，清楚的呈現太多，太多熱血老師因材施教，真能改變孩子一生。弱勢環境成長的孩子才智絕不輸人，只是少了生活文化的薰陶，事實上，只要用心召喚，每個孩子沈潛的才華都能展翅奮起。

教育是良心事業，制度前膽，方法對，更需執行的膽識，熱情，毅力，建龍處長正是身體力行的人。我們基金會ＶＲ魔法巴士到了嘉義的學校，建龍處長自己從早就專心跟孩子一起遊戲，陪著孩子笑，伴著孩子體驗新科技，甚至都忘了議會的質詢。我見過很多不忘初衷的熱血老師，但很少看到為偏鄉孩子如此拚命的教育首長。

幹勁十足，滿口風趣順口溜的建龍處長，終於把他創新教育的寶貴理念，大膽無畏的整理成冊，試圖為無數偏鄉孩子編織希望，在新世紀創造自己的天地。

改變，是百年的教育制度最需要，也最難撼動的事，但是，歷史告訴我們，往往改變就可能因為一件小事，一個人的想法，一夜之間就翻轉了。建龍處長有嘉縣卓越的教育團隊，又有少見行政首長高瞻遠矚的相挺，量身打造的創新教育，翻轉孩子！翻轉臺灣！建龍處長任重道遠。

【自序】傳心教育，嘉教有讚！

文／王建龍（嘉義縣政府教育處處長）

教育是良心志業，學校是創造感動的園地，用心努力的過程必有感人故事，相信每一位關心教育的伙伴都是那故事中的主角。建龍來到嘉義縣六年，面對先天不足、後天失調的艱困環境及現行僵化教育制度及法令之束縛，總是有想法而沒辦法，只有勇敢選擇面對，帶領著嘉教團隊每天隨著阿里山的日頭四處奔走，總希望所做的努力與付出能突破傳統限制，劍及履及的因地制宜、改造創新，滿足偏鄉孩子出人頭地的渴望。所幸，多年的努力用心，展現真功夫，施展好嘉教，終讓嘉義囝仔不認輸。

臺灣教育應該可以更好，只是長期受限於不合時宜的制度，主管當局又不願檢討面對或鬆綁；一連串沒有對症下藥的改革，空有口號，不切實際，既花錢又不見成效；其實，只要有決心，教育要好很簡單！衷心期盼偏鄉的「好嘉教」經驗，能引發拋磚引玉之宏效，一起打造臺灣教育心視界。

目前臺灣社會少子女化現象日趨嚴重，已漸成為國家安全之重要議題，不容等閒視之。因此，如何重整教育以提昇國民素質，不可須臾緩也。一枝草一點露，行行出狀元，個人也常思考：天生我材是否真能有用？現今教育政策的制定方針是否真能符合現代社會需求？實踐作為能否讓每個孩子都能學以致用、發揮所長？在在都是關鍵。

個人肯定政府為秉持有教無類理念，不惜教育投資，延長九年義務教育強迫孩子入學，啟動十二年國民教育，祭出免學費鼓勵每個孩子都能完成高中職學業。但我也深信：教育絕非是花錢就能了事的工作，而是要能針對不同特性的孩子，施以適合的課程、進度、師資與評量，因材施教以成其就、揚其才。

教育的傳新，是每個教育工作者應有的承擔和創新。承擔是在既有基礎上繼續厚實根基，穩定漸進，向下全面扎根；創新是在厚實基礎上因應未來發展需求，創新特色，向上追求卓越。個人相遇教育也許看似偶然，但或許這是上天早已命定的安排，我只是用心、稱職的把老天爺的安排，透過在教育場域中不同的職位去實踐呈現。在公門中，講該講的話，做該做的事，推動對大家都能認同的政策，讓更多人受惠，我想，這就是最好的修行。

教育是國家重大的希望工程，臺灣要改變，還是得從教育著手。所以，我曾發想，希望能夠將在教育場域中的價值理念和實踐經驗有次序的形諸文字，並和教育現場的教育伙伴相互期勉。這樣的發想，曾經在幾次和校長們的閒談過程中提及，雖然獲得大家的認同和肯定，但也因繁忙的公務與行程，一直無法將發想化為具體的行動。

這個發想在去年七月暑假期間出現具體落實的契機，感謝郭春松校長在聽了我的發想後，主動表達願意協助讓這個發想具體實現。在幾番討論後，我們共同擬定了書寫的架構和主題，並且在林婉鈴、翁若溱、莊新國、黃彥鈞、黃瀅嘉、陳宸鈁、陳幸琪、陳振興、張志郎、曾俊銘、楊登閎、蔡明哲、劉秀燕、鄭秀津與謝正裕等校長們的協助下，依主題和大綱，透過多次的訪談錄音，將我的想法轉換整理成文字初稿，讓我能夠接續進行第二階段逐篇逐句逐字的書寫和修整。在修整過程中，個人不斷進行文本閱讀和反思，更加確信當初的發想有其價值感和意義性。能夠將個人的理念，透過嘉義縣教育團隊所有同仁齊心協力，開枝散葉，具體落實，尤其是偏鄉小校和實驗教育，以及全國首創的嘉教五讚的創新作為上，開出燦爛的花朵，我想，這就是對嘉義囝仔愛及負責任的表現，更是對張花冠縣長「好嘉教」縣政願景最具體的回應。

這幾年的嘉教之旅，張花冠縣長的前瞻領導，放心的託付教育重擔，令我備感榮耀並時刻剔勵，不辱使命；用人不疑的知遇之恩，令我宵旰勤勞而不敢稍怠。又常在公開場合適時的給建龍肯定與讚揚，這更是我在往後領導工作及業務推動上最大後盾及最好的原動力。張縣長廣結善緣，人脈豐沛，加上那特有的領袖魅力，南征北討、四處奔走爭取很多民間資源，只為圓滿每一個嘉義囝仔的教育夢，張縣長不愧為幼吾幼以及人之幼之教育家，的確也是台灣少有的政治人物。吾人不敢以千里馬自居，而張縣長當是不折不扣的伯樂。

天下無難事，只怕有心人。俗話說：一個能專注事業與工作的男人，其背後一定有辛苦付出的女人。每當有人質疑：「你都把時間花在別人家孩子身上，你的孩子誰來照顧？」我都會毫不猶豫的回應：「人在做，天在看，千算萬算，不值天一劃」天公總是會疼憨人的！只要做好本身工作，把別人孩子教好、顧好，相信，老天爺是不忍心讓我孩子變壞的。回想這忙碌又充滿挑戰的公務生涯，除有長官、同仁們的支持協助，背後最大的支撐力量，憑良心說，就是共枕眠的老婆賴碧姬的默默付出與分勞解憂，她無怨無悔的把家務料理好，把孩子教養好，才能讓我可以無後顧之憂的專心辦教育。她的確是我的「依賴」及「信賴」；更堅信我這一生不能「無賴」，而不敢「耍賴」就不用再說了！

本書在完稿之後，除了感謝參與協助文字整理和編輯的好伙伴，更要對與我一起走過艱困，面對挑戰的教育處同仁及所有校長、老師們的努力表示敬意，更希望藉由本書的分享，能引起社會各界的重視與共鳴。無論政府行政部門、家長、老師、教育伙伴或者成長中的孩子們，只要有共識，認為這樣做是對的，那就請大家一起來與臺灣教育共好，傳承臺灣「心」教育情，讓每個孩子都成為國家的希望。

本書的架構和脈絡如下所示：

首先是「教育，始自耳濡目染」，透過成長歷程、投身公職、公職生涯發展和從南瀛出發相遇嘉教的敘說，讓閱讀者可以明瞭許多決定和政策推行背後的緣由。

其次是「嘉教理念」，教育理念的闡述和對當前教育政策的批判、建言，是一切教育作為具體實踐的基底。

接續是「嘉教實踐」，透過嘉教五讀的推動和品德教育向下扎根，具體將許多對的也是好的理念在嘉義縣落實，嘉惠學子。

再者是「嘉教翻轉」，那是對於法令和教育政策在批判後的創新作為，尤其是實驗教育三法通過後，嘉義縣算是先行者，當嘉義縣在實驗教育的推展獲得教育部的肯認，以及許多縣市的邀約分享，我知道我們為許多偏鄉的孩子創造出許多的教育機會。

最後是「龍之展望」，那是教育服務生涯的總結，以及對於人生下半場的規劃，總希望自己為教育多作點事，盡些心力，圓滿人生。

目錄

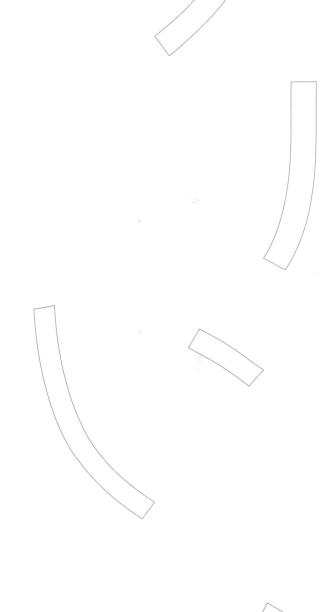

第一部

教育，始自耳濡目染

I 原生家庭的滋養

童年生活上的點點滴滴，蘊藏著寶貴的生活體驗和生命經驗，父親重視生活教育，留給我良好的風範。而今我希望能透過教育，去改變人心。

一九五九年夏天，我出生在臺灣南部頗負盛名的宗教聖地——南鯤鯓旁的小村：新圍仔。一九七九年舉家遷居蚵寮，至今，我仍然每天通勤返家，數十年如一日。我是長子，加上父親早逝，在兄弟姊妹之中，自然承載著較多的期待和責任。

我的父親雖然只有國小畢業，但他的成績和文學造詣不錯，算是地方上的佼佼者，經常幫不識字的鄉親處理文書、寫寫信，即使家裡只讓他讀到國小畢業，但他是一位盡責的父親，為了養家活口而辛勤工作。剛開始，他以耕種務農為業，因為北門南鯤鹹地處鹽分地帶，不利於農作物的收成，所以他將農田闢為魚塭，以飼養虱目魚為業。我的母親只有國小肄業，跟著我的父親工作，拉拔我們長大成人。

父親四十三歲時因為高血壓而過世。當時我只有十九歲，剛考上大學，卻遭逢家中變故。俗語說「長兄如父」，我才剛辦完註冊手續，就又立刻辦了休學手續，返家協助母親，支撐家中的經濟。

一年後，我回到中國文化大學就讀勞工關係學系。每到寒暑假時，我就回家幫忙魚塭的工作，即使大學成績還不錯，但當時並沒有考研究所、繼續深造的念頭。退伍後，我回到臺南繼承家業。家裡經濟狀況尚屬小康，但也無法養尊處優，因此，我很早就開始累積基本的生活能力與工作的經驗。

生活教育的引領者：父親

我的父親疼愛孩子，但不寵溺孩子。他擔心我們不諳水性，可能會發生危險，總是告誡我們絕不可隨便在外面戲水。

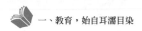

他不是禁止我們游泳，而是深知水火無情。從前的池塘旁邊，沒有救生安全設備，我們都知道父親是考量安全才嚴格禁止，但有時候還是忍不住跑到水邊玩耍。如果被他發現了，回家總免不了遭到一頓痛打。我至今仍然不會游泳，一是怕水，二是沒機會親近水。幼年的生活經驗，促使我日後積極推動培養孩子的「親水力」，並且重視安全的維護。

此外，父親也重視生活教育，他常告訴我們為人處世的道理。記憶中，只要附近的老人家有需要，或是半路遇到老人家，父親就會用摩托車送他們一程，並讓我坐在後面，長輩坐在中間。耳濡目染之下，我知道了敬老尊賢的倫理。父親也要求我們珍惜物品，勤儉以持，不得浪費，因為這是大人辛苦工作、點滴攢累而得的資產，但是他並不僵固守財，而是當花則花，該用就用。

還記得我讀國小、國中時，父親出去談事情或做生意，都會盡量帶我去見習。一方面讓我提早接觸社會，培養與人互動的態度，學習得宜的談吐；一方面，他也要我認真看、用心聽，學習做生意的要訣。有時候我不想出門，他就以「國用大臣，家用長子」這句話來激勵我。沒有想到他英年早逝，身為長子的我，才初次感受到父親用心的教誨，真有他的道理。

而在這樣的成長環境中，我的生活體驗從很早就開始了，累積的經驗也比同年齡的孩子更多。舉凡種田、照顧魚塭、雇請工人、買飼料、買賣魚貨、生產工具的交易等，都需要與各行各業的生意人接觸，認識社會百態。

過去的孩子，不只要盡學生本分把書讀好，放學之後還要幫忙分擔家務，煮飯做菜、照顧弟妹。這些生活上的點點滴滴，蘊藏著寶貴的生活體驗和生命經驗，比起學校安排的課程來得更為實際。

因此，我在面對教育事務時，不單從教育的角度切入思考，而是從社會面、人際互動面和同理心等各個面向，做綜合的考量。我想這是比較務實的做法。如何讓我們的孩子在生活當中涵養基本能力，教導他們面對生活、處理生活、迎接生活的能力，是很重要的教育。

生活很難，把生活過得好，更難！

現在的孩子身處在資訊發達、科技進步的環境之下，欠缺的不是文化刺激，而是舊時代裡最自然的生活經驗。所以教育應該注重生活的各個層面，從豐富孩子的生活經驗做起，讓他們從小就能體驗生活的現實與艱辛。

如果孩子的生活經驗不夠，當他們面對未來不可預測的考驗時，的確容易徬徨。這是為什麼我們要發展社團活動、生態教育及體驗教育，以補足其生活經驗的不足。

我的父親是個正派善良的人。我感謝的不是他留下十公頃魚塭的遺產，而是留給我良好的風範。父親以明確的言教和身教，讓我知道做人要講信用、對事要負責、對物要珍惜、對人要感恩、對自己要有自信，並且要發揮同理心去照顧弱勢的族群。這些觀念，對於我日後從事教育服務工作，發揮了具體的影響力。如果學歷高、地位高，但卻沒有同理心，就沒有辦法照顧旁人，與人分享，反而只是滿足自己，甚至是犧牲別人來成就自己而已。

「生活」有其現實的一面。人情冷暖，世態炎涼，當你富有時，大家都與你親近，窮困時，則閃得老遠，這段經驗，也是上天曾經給我的考驗。人類的生活，就是人性的表現，我們很難自以為是地去揣度他人的想法，但是，我們總希能透過教育，去改變人心。人的本性，如果沒有好的教育環境來形塑、引導，就會出現落差，帶來爭執與摩擦。所以與人相處，也是生活教育的一環，是必須讓孩子學習的課題。

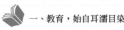

自我教育，也是一種教育

從小學到國中，我都是就近入學。我讀國中時，九年國民教育剛實施到第四年。國中畢業之後，我參加南區高中聯考，因為沒考上南一中，就去讀離家近的北門高中。當時，我們選擇學校並沒有特別的考量，只要有學校就好。鄉下的文化刺激很弱，也沒有高學歷的學長或隔壁鄰居可供請教，關於升學資訊、生涯發展進路、大學科系的前景，我們既沒有概念，也就沒有憧憬，只知道上學讀書、分擔家務，是最基本的責任。

我知道在學校可以獲得在家中無法給予的知識和學問，也清楚幫忙家務、參與家中工作，可以體驗到生活裡的酸甜苦辣，更讓我意識到在這樣艱苦的環境中還能讀書，真的很不容易，而分外珍惜。雖然我花在讀書上的時間不多，但是我善於將課本的知識融會運用在生活中，也自認這是我和其他同學不一樣的地方。

我還有一個特質，就是習慣思考和自省。所謂自省，就是看看別人，想想自己。透過自省，一個人可以很快的成長。我們常談學校教育、家庭教育、社會教育，其實人生除了這三大教育，還有最重要的一種教育，就是「自我教育」：自己輔導自己。一般我們碰到困難時，常常想到要向外求援、向長輩求助，說來殘忍又現實，我因父親不在世，很早就得學習自己去面對生活上的挑戰，所以，我更習慣先向內心求援。遇到困難，該怎麼辦？自己先想一想。一個人的潛能，就是從這裡激發出來的。自省使我很早就成熟懂事，儘管書不是讀得很多，但我擅長舉一反三，將理論跟實務結合。如果社會上多數人都能這樣，也許本位主義的人就不會這麼多，社會將更趨和諧。

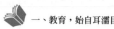

跳脫框架，靈活折衝

從我的成長歷程看來，今天我所走的，照理說應該不是「教育」這條路。但是，話說回來，過去人們總認為從事教育工作，一定要具備相當的專業知識和背景，要對教育理論有深入的研究，才能勝任。其實，隨著教科書內容的開放、師資培育多元化，也證明了從事教育不能照本宣科，更不能跟社會脫節。

而我年輕時豐富的人生經驗，就好比是「十八銅人打透透」，各種領域我都體驗過，讓我在教育及跨領域的整合上，更游刃有餘。我們鄉下小孩的國語發音常常不標準，國語不標準，要擔任第一線教育工作人員，就會遭人質疑。所以論到字正腔圓，我其實不合格。但是，論到推行母語、語言融合，這一類跨領域的整合政策時，我的經驗反而讓我跳脫框架，願意去包容、體諒不同領域的老師、家長和校長的觀點，找到更靈活的出路，也因此，更容易掌握政策推動，發揮效果。

Ⅱ 師長的鼓舞

天生我材必有用，教師要給孩子適當的表現機會，讓他們產生信心。生動活潑的教學方式，自會引發孩子學習的動機和興趣。

給孩子機會，點燃孩子的自信心

國小四年級時，我就讀的錦湖國小裡，有一位代課老師周梅春，是我重要的啟蒙老師。那時大家的環境和家庭經濟狀況都不是很好，鄉下孩子在一、二年級階段都是懵懂度過，二年級的課程，到三年級自然會懂；三年級的課程，到四年級自然懂，只是慢了一點。周梅春老師教音樂教得很好，對我們也很有耐性。我不曉得她是代課老師，只覺得她很會鼓勵人，只要有特殊的表現，她就會表揚。因為她的不吝關懷、鼓勵，讓我開始注意聽課，留心老師的教誨與引導，從四年級起，我的成績就竄升到班上的第一名。

因此，我認為給孩子機會，是很重要的事。天生我材必有用，鄉下的孩子絕不是傻、不是笨，只是缺少了適當的機會。當時，周老師給我機會，讓我去參加朗讀比賽，結果得了第一名，對於當時年幼的我而言，就像是注入了一劑強心針，讓我開始覺得自己也是很不錯的。

六年級時，班上來了一位相當嚴格的老師，這位郭靜安老師是分數至上主義者，考不到一百分，少一分、打一下。這樣的引導方式不是很好。不過，這也讓我快速地了解到學生就是要把書讀好。我把握了這些老師給予的機會，好好的表現，因而受到鼓勵，向上發展。小學畢業時，我是班上第一名、全校第二名，還獲頒鄉長獎。

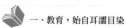

教學活潑，讓孩子樂於學習

國中階段，我讀的是北門國中。當時這所學校的口碑很好，我從比較偏遠的地方來，即使小學畢業成績優異，但是在高競爭壓力的環境下，國中第一年成績不免落於人後，從第二年開始日起有功。

這個時期，有一位歷史老師讓我印象深刻。他的教學手法活潑生動，好像在搬演布袋戲一樣，用戲劇化的方式演活了歷史。日後回想起來，給了我重要的啟發：要教好一個孩子，必須先引發他學習的動機和興趣。歷史老師吸引孩子去聽他的歷史課，是因為他上課的方式有趣，因此學生的接受程度就高，就可以專心吸收連貫的歷史課程。此外，這也說明了每一位老師都有不同的教學方式，我們很難去改變老師，反而要學習去適應每一位老師不同的教學方式。

Ⅲ 生命中的轉捩點

雖然城鄉差距對於孩子的學科基礎能力發展，有一定的影響，但是只要會應用，也可充分發揮個人的潛質。

而目前教育分流的體制，的確有值得檢討改進的空間。

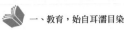

後來，我考上北門高中。當時這所學校並不是最優秀的，但是對鄉下孩子來說已經不容易。這也說明了城鄉差距對於孩子的學科基礎能力發展，有一定的影響。

雖然所學不一樣，但是只要會應用，鄉下孩子的潛能和續航力也不會輸人。所學有限但可充分發揮，比起學一百樣、一千樣卻不懂得應用，來得更是重要。這就是鄉下孩子不容小覷的競爭力。我們比較像「土雞」，外表看起來不光彩奪目，但是有實力，有機會發展長才。都市小孩大多專注在讀書上，書讀的很多，分數考的很好，可是「會考試、不懂事」的孩子，發展有可能受限。所以，鄉下孩子不應該被放棄，鄉下孩子更不能放棄自己。

高中二年級時，我選讀社會組，在班上我大概都保持在第一名。這段期間，我賃居校外，培養了獨立自主的能力。那時我並不知道什麼是「補習」，聽同學說有些課程內容和考試題目，補習班老師先教了，我覺得很疑惑。我靠著自己溫習、複習、寫作業，沒有補習，畢業成績依然是社會組第一名。

不過，我在大學聯考的表現有點失常，出乎老師的意料。當年許多國立大學都有入學門檻，譬如「國文」一科若沒有達到高標，就沒有機會錄取國立大學的法律系或法律相關科系。聯考前，學生會先填好志願卡，等到考試結束，再以電腦依照成績來分發學校。不僅是學生，就連老師也不是很清楚各個科系的詳情，大家想讀什麼就填什麼。

考上新興科系：勞工關係學系

當時，我對法律、行政領域較有興趣，也填了這些科系。但是許多科系對「國文」一科設有門檻，我的國文偏偏只考了六十三分，高標是六十五分，沒有機會考上國立大學。而私立大學的第一志願，我填的是中國文化大學勞工關係學系。我想以自己的實力不可能只考取私立大學，更何況也讀不起。但是命運似乎自有安排，我跟國立大學擦身而過，最後錄取了私立中國文化大學。

或許大家會好奇，我為什麼把勞工關係學系擺在私校第一志願？那是因為，當時我們的村莊裡有個學長就讀這個科系，他說當初原本想重考，但高中導師告訴他：「其他人要重考沒關係，但是你既然考上勞工關係學系，就不要重考。」當年勞資關係等觀念尚在起步階段，《勞動基準法》是一九八四年才訂定的法令，勞工關係學系也是新興科系，只有文化大學才有。一門學科，就讀的人愈少，以後出路愈寬廣。因此，我才考慮萬一國立大學真的沒考上，至少這個科系可以一試。結果正應了俗語說的：「千算萬算，不值天一畫。」我就在陽明山上的華崗度過了四年的時光。

在升學並非唯一選擇的年代

當時在鄉下，大家的觀念是：要出人頭地，就該把書讀好、把分數考好、讀好學校。至於書讀得不好、分數不好，或是懶得讀書的人，大家會認為他沒有出息，要一輩子「撿角」（意指不成材）。

臺灣早期尚未實施九年國民義務教育的時期（編按：指一九六八年以前），小學讀完六年，義務教育就算是完成了。沒有繼續讀書的孩子，可以去當學徒、習一技之長。不升學的人通常有兩種情形：一種是本身對讀書沒興趣，一種是家庭經濟有困難。儘管如此，不論士農工商，各行各業，都能謀生過日子。

因此，過去的人從國小畢業之後，自然進入「分流」階段：適合讀書的就繼續讀書，不適合讀書的就去學功夫，日後成為麵包師傅、美容師傅、皮鞋匠、泥水匠等。及至推行九年國民義務教育之後，不論適合與否，每個人都要讀完國中三年，這使得原本對讀書沒興趣，有意去學習技能的人，仍得延後三年再開始。

在當時，很多原本選擇要去當學徒、學技藝的孩子，別無選擇地都得到國中與那些擅長讀書的孩子一起學英語、化學、數學等科目。可是，因為這些孩子對學科沒有興趣，三年後多半一事無成。對他們來說，學習這些他不感興趣的課程，成了生活中的折磨，他想學技能，卻沒辦法自由地學，猶如想吃的東西卻吃不到，當然得不到成長所需的養分。所以國中這三年，會讀書的孩子活在掌聲中，不會讀書的孩子，總要遭受旁人異樣的眼光與質疑。

學生想學的，不讓他學；不感興趣的，又偏偏要他學，這便造成學習上的挫敗感。由於欠缺成就感，學校能吸引學生的誘因就愈來愈少，也愈來愈留不住學生，甚至出現所謂的「中輟生」。中輟生是現在校園中普遍存在的現象，因為不喜歡學校的環境，不喜歡學校的課程，不喜歡學校的老師，逼得他不喜歡到學校去，再加上家庭教育成效不彰，喪失功能的家庭日漸增多，單親、隔代教養、新住民學生也愈來愈多，都造成了中輟生的增加，以及校園安全事件和社會問題。

我認爲，與其任由僵化的教育體制繼續存在，造成政府在教育資源上的浪費，倒不如開放讓學生在國小畢業後就分流。政府投資的資源，有的學生並不喜歡，或許亦不需要，我們應該要檢討。

過去的國民義務教育是六年，現在則是九年，如何在鑽研折衷之後提出具體的策進作為？我認為教育部應該重視這個問題。此外，也請大家清楚了解到：提升國民的學歷和提升國民的素質，其實兩者是不成正比的。

Ⅳ 憧憬公職

當自己已經沒有退路，只能一步一腳印，自行摸索努力。我總是抱持著想做更有意義之事的心情，深信自己是個可以爲社會創造價值的人。

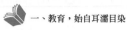

大學畢業後，我參加行政院青輔會辦理的就業考試，獲得了第一份工作，在臺南縣區漁會擔任幹事。區漁會是一個人民團體，為了服務漁民而設立。我承辦共同運銷的工作，與漁民有密切的關係，當時我覺得能夠為漁民工作很不錯，因為家裡從事的也是漁業生產。

雖然在漁會的工作穩定，但福利普通，人們多半認為這是一份沒有發展前景的工作。那時，我看到臺南縣政府的公務人員到漁會來輔導我們的工作，個個都很有尊嚴，讓我對公職工作有了憧憬，心想如果有機會，我也想到縣府服務，而且我的工作態度一定會比別人更好、品質更高。

要成為公職人員不是那麼簡單的事，必須經過公職考試。我思考了一段時間，最後辭去漁會工作，改到陸軍官校福利站經營生意。那段期間，我深刻體會到人在社會上如果沒有基本的尊嚴和地位，活著其實沒有價值，縱使有好的理想和抱負，對社會也無濟於事。

大學畢業並不是很高的學歷，但是，我有很多的理想。那時我年輕尚輕，覺得如果再這麼下去，實在對不起祖宗與父母，就連父親對我的種種期待、希望我們替他完成的理想，可能也都無法達成。我在福利站做了一年左右的生意，終於下定決心，準備公職考試。當時我的妻子和孩子都跟著我在高雄租屋生活，返鄉的那一天，我騎著機車，載著妻子，孩子坐在前面油箱上，一路從高雄鳳山騎回臺南。為了家中生計，我用一年的時間一邊讀書，一邊在國華人壽做保險業務。

抱持著想做更有意義之事的心情，我深信自己是個可以為社會創造價值的人。我沒有經濟條件可以參加補習，坦白說，從有工作變成沒工作，已經夠窩囊了。老婆娶了，孩子生了，車子也買了，這時候經濟的來源斷了，我能找誰說？我已經沒有退路，只能一步一腳印，自行摸索努力。

皇天不負苦心人

我在同鄉好友的鼓勵下，參加了勞保特考，可惜差一分而落榜。說來也是緣分，勞保條例我考了滿分，英語卻只考四十二分。雖然沒有考上，但我需要一份工作，便鼓起勇氣，寫信給當時的勞保局總經理林江風，五天後，勞保局人事室通知我去面談。這是我生命中很重要的一次機會。

為了這場面談，我的太太陪我到蚵寮夜市，買了一套比較正式的衣服。到勞保局的時候，人事主任對我很不客氣，好像我們要去找麻煩一樣。他說：現在全國有幾個省議員、有幾個國代、幾個立法委員，不要請人家來關說。那時我完全聽不懂，丈二金剛摸不著頭腦。今天是總經理找我來面談，他要跟我說什麼，我不知道，人事主任就先跟我下馬威。這也讓我體認到，當我們有能力的時候，對待任何人都要有同理心。

當天，我與羅專門委員面談之後，鄭銘欽從勞保局所在的十二樓，送我搭電梯到一樓門口，在電梯中，他跟我說：「你大學畢業，考這個雇員，可惜！我告訴你，你去參加高普考。」

我以為他在開玩笑。但是他很認真的跟我分享自己的經歷。他說他的妻子是高中老師，但他在公賣局打工，有時覺得抬不起頭，所以，他花了三年時間準備，終於考上人事行政高考。他鼓勵我要有信心，雖然當下我只是聽聽，但是他的話打醒了我，讓我知道，原來我也可以往高普考的方向努力。

因此，我整裝再出發，從報紙上刊登的補習班訊息中，選出感興趣的科目，篩選出三種公務類別：人事行政、社會行政及勞工行政。我特別去南鯤鯓代天府神明面前擲筊，結果指示報考社會行政。就因為羅專員的話語點醒，我才會去思考往高普考方向努力，這是我生命中的一個轉捩點。

所以，我並不是大學畢業後，就馬上投入公職，而是在漁會、陸軍官校做生意，歷練了一段時間。俗語說：「生意好做，生意囝仔難生。」從商做生意不只要考量成本和利潤，而且沒有正常作息可言，當人家在休息時，我們還在忙碌著。依我的性格，恐怕難以習慣這樣的生態。

我也做過保險，但我認知到自己的性格不適合這份工作，因為我雖然樂於分享保險觀念，但是簽完保單後，卻不好意思向別人收錢，甚至還白白替別人繳過保費。我也曾從事過代書服務工作，辦理一些土地買賣、登記、繼承或貸款案件，並與弟弟合辦法律諮詢服務。

決定投入高考後，第一年的成績只差一分就錄取，落榜後，繼續參加基層特考，隔年（一九九二年）四月放榜，我錄取了，分發到高雄市政府人事處。分發完之後，當年我再參加高考，同樣的資料再溫習一下，竟然也獲錄取了，真是皇天不負苦心人。

陰錯陽差，投身教育行政

這一切好像是老天爺早已安排好的。高考及格後，我在離家最近的省立臺南教養院（編按：今衛生福利部臺南教養院）實習，本來要分發到高雄市政府人事處服務，但因妻子考量我與家人分隔兩地，來回奔波，所以就積極爭取在臺南縣政府的職缺。

照理說，我考取的社會行政是一般職系，跟文化教育行政職系不一樣，也不相容。但在因緣際會下，臺南縣政府發了商調函來給我。

臺南縣政府的人事室股長告訴我可以調任，商調函也發了，但是，主任卻說職系不符。最後也因而改了職系，把「教育行政」改成「一般行政」，我就陰錯陽差地踏入了教育行政的領域。

我到臺南縣政府報到後，第二個月，就代理體育場場長一職。我擔心可能無法在工作上發揮所長，曾經萌生離開職務的想法。偏偏當時的教育局吳局長不讓我走。我也體會到，這輩子不屬於自己的東西，就不要強求，俗話不也說：「命裡有時終須有，命裡無時莫強求。」所以我留了下來。

其後，我希望能夠參加督學課長班的培訓，但是按照規定，接受培訓者必須具備七年的教育行政經驗。這真是一個漫長的等待過程。所幸「憨人有憨福」，後來制度一變，當督學、課長，不用去督學課長班受訓，只要機關首長同意就可以任職。我任代理場長九個月後，再回任科員兩年，接著接任社會教育課課長。雖然我進入公部門的時間較晚，但是兩年多的歷練就當上主管，也算是很快。

籌辦區運，卻遇上兩個颱風

一九九七年時，為了籌備區運會，臺南縣陳唐山縣長將我調整為體育保健課的課長，負責規畫辦理區運相關事宜。人生至此，似乎應驗了「命裡有時終須有」的俗諺，我想在單純的單位工作，結果反而到了一個挑重擔的單位。

我為什麼不想要擔任體育場場長？因為，次年（一九九八年）臺南縣政府就要承辦末代「臺灣區運動會」（此後會轉型成「全國運動會」），所以，體育場場長一定得挑起承辦的重擔。不可否認，那時我抱持了逃避的心態，但人算不如天算，一切只能順其自然。

在籌辦臺灣區運期間，我的心情彷彿是在洗三溫暖，尤其活動開始前幾天，更是忐忑不安。過去其他縣市在十月份辦理區運，皆不曾遇過颱風，但是我當年竟一連遇到兩個讓我終生難忘的颱風。活動前十天，來了一個不影響賽程的「瑞伯」颱風，十月二十三日區運開幕前夕，又來了一個「巴比絲」颱風。中央氣象局預報「巴比絲」會全面影響臺灣，我的眼淚差點沒掉下來。心想，我和那麼多位體育運動團隊志工，花了那麼長的時間，做了最萬全的準備，老天爺果真對我這麼殘忍，要讓兩年的籌備毀於一旦？幸好，最後「巴比絲」颱風只沿著臺灣海峽北上，沒有影響到區運賽事，末代區運順利落幕了，臺南縣亦空前絕後的榮獲了四十六面金牌、二十七面銀牌和三十面銅牌，名列全國第二。經過了一場區運的洗禮，我也更加相信，只要善盡人事，把該做的工作做好，老天爺就不會虧待我們；即使面對困境，也會轉危為安。

校長初體驗

區運結束之後，一九九九年初，臺南縣仁愛國小校長開缺，沒有人願意代理校長職務，因為我身兼督學的職務，所以局長指派我去代理校長。一九九九年二月，我到仁愛國小代理校長七個月，那是我的校長初體驗，第一次體會學校的生態。

回想這些經歷，好像是上天故意的安排。今天我能夠當上處長，也必須有各種歷練。除了國民教育科科長我不曾擔任過之外，其他的科別，我都曾經兼任過科長。此外，雖然不是正式老師出身，但是我曾經在十所國中、小學兼任代課老師，教學經驗也相當豐富。在教育局擔任行政職務，還有機會累積教學經驗、體驗校長的校務經營工作，我所做的，只是把握機會，用心體驗，蓄積能量。

到了二〇〇一年，陳唐山縣長在卸任之前，將我拔擢為教育局副局長。這一當就當了七年半的時間。到了二〇〇九年，蘇煥智縣長再將我拔擢為教育處處長，這也是臺南縣的末代教育處處長。

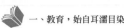

無中生有，魚舟賽創意滿點

二〇〇一年底，蘇煥智縣長就職後不久，宣布端午節要在曾文溪西港大橋下的水域，辦理龍舟比賽。當時，我的職位是教育局副局長，但是大部分的體育活動，局長大多委任我來辦理。

在此之前，臺南縣從未辦理過龍舟比賽，當然也就沒有相關的比賽器材。比賽用的龍舟，一般不能立即買到，必需要事先發包製作，並預留製造時程。當時我們只剩下短短不到五個月的時間，況且也沒有編列相關預算，簡直就是一樁無頭公案，不知從何下手，也不知要如何收尾。

當時我雖明知其不可為，但又不知如何說服長官。最後，我與縣內的體育運動團隊商量，拍攝一段影片，緬懷祖先捕魚、養魚為生之辛苦，並以發展行銷沿海漁業觀光、打造南縣特色，同時顧及活動安全為由，向蘇縣長建議將泛舟活動地點改為將軍漁港，而比賽用的龍舟，則改為以塑膠筏編織的創意魚舟。蘇縣長最後也考量到整體的難度，接受了我們的提議。

由於創意魚舟賽係國內首創，大家都沒有經驗，包括競賽規程、比賽水道之規畫布置、船隻大小及乘載重量、選手人數……都得憑著過去的生活及行政經驗來摸索設計，就連比賽獎金從哪裡來，也都傷透腦筋。最後，我們想到用「建設

獎金」一詞，吸引公所及學校人士踴躍組隊報名，透過運動，爭取地區或學校的建設經費。

說起來，公務員確實必須發揮創意。令人期待的「魚躍南瀛創意魚舟賽」，在此之後，成了臺南縣的特色活動，每年都吸引全國各地的水上運動好手前來參加。

危難之中，體會民間挹注的力量

二〇〇九年初，我初登教育處長職還未滿周年，老天爺就給了我一大考驗——莫拉克颱風帶來了八八風災，連續下了三日的大豪雨，造成臺南縣超過三分之一的學校淹水，水深至少一公尺，災情慘重。

我坐在災害應變中心，一臉茫然，也不知天高地厚。記得是八月十二日，當時的鄭瑞城部長下鄉勘災，陪同一天後，我才知道「代誌大條了」；八月十四日，教育部吳次長再度來關心，當日蘇煥智縣長坐鎮指揮中心，台積電董事長夫人張淑芬親自帶領關懷團隊前來，張女士只問我：「現在縣府最需要的是什麼？」我愣了一下，心想

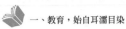

當然是錢。但是現在就算有再多的資金，等到分配給學校後，再行發包施工，也來不及趕在開學前完成整修工作。

在我猶豫之時，她等不及我回答，便告訴我：「你放心，我們公司有許多協力廠商，可直接針對不同災害損壞問題，提供施作工程。」並建議我盡速通知相關學校，將災損的情況做分類，兩天後她將與各家協力廠商到現場會勘，並做施作紀錄。只要立即雇工備料，日夜趕工施作，就不至於耽誤了開學時程。

大企業的效率品質果然不凡，竟在真的兩週之內全部復建完成。九月四日，臺南縣政府特地舉辦了一場感恩記者會，感謝台積電所展現的企業責任。

隨後，我陪張淑芬女士到各所學校現場視察，並對夫人表示感謝：「夫人不辭勞苦關懷災情，猶如媽祖出巡有求必應，造福學子功德無量。」她謙稱這是團隊的辛勞，她只是出一張嘴而已。如此謙卑為懷，令人敬佩。

天災無法避免，但是人性的光輝，的確是對抗天災最好的藥方。

V 勇於挑戰

教育就是要讓每一個孩子找到亮點，找到自己，並且做自己。我所力推的「嘉教五讚」，包括品格力、認同力、英語力、健康力及親水力五項能力。

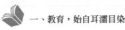

二〇一一年，臺南縣市合併升格為直轄市，臺南市教育局有兩個副局長的編制，我是其中之一。擔任臺南市教育局副局長半年後，當年七月，即獲嘉義縣張花冠縣長邀約到嘉義縣服務，從而擔任教育處處長至今。

這個偶然的機會，其實是在我的人生規畫之外。我原以為，臺南市教育局副局長會是我這一生最後的職位。怎知輾轉又到了嘉義縣，協助縣府解決財源困窘的難題。而正如當時主動伸出援手的台積電一樣，嘉義縣也受到了很多來自民間的捐贈。為了感謝善心團體與個人，我們常把事例轉化成感恩教材，期許孩子都要珍惜善用得來不易的資源，並努力學習。有朝一日，當他們事業有成時，亦能造福需要幫助的人。

其實，在到嘉義縣服務之前，我與張花冠縣長並不熟識。當時嘉義縣教育處處長出缺，縣長透過人事系統，尋覓適當的人選。起初我並無意願赴任，第一個原因是嘉義縣對我來說完全陌生，雖然離家不遠，卻沒有任何淵源。其次，這算是空降職務，臺南縣的一草一木我都很清楚，但嘉義縣實在人生地不熟，當時我已經五十歲了，對於未來也無特別規畫。

最後，我決定接受聘請的原因有二：一是臺南縣市剛合併，處於混亂之中，不同的生態、心態，一切都難以掌握；第二是我在請示神明後，連續擲得三聖筊。周遭的朋友也沒有人反對，可說是「人神共贊」。

五十歲到嘉義縣，爲教育開立處方箋

來到嘉義縣之後，我要從零開始。過去在臺南縣時，我很清楚人力資源在哪裡，教育資源在哪裡，但是在嘉義我什麼都不知道，摸索起來，也很累人。當然，教育行政事務的原理是一樣的，本著累積的經驗和想法，參酌嘉義縣複雜的地形、型態多樣的學校生態，來掌握教育人員的心態落差，然後再去評估問題，開立「處方」。

首先，我檢視了學校人事制度，並將之法制化、制度化。因為要推動教育工作，如果校長不能配合，那麼再好的政策都無法見效。此外，我也看到老師們無助的眼神，看到他們渴望改變，所以，校長必須要齊一心志，把心思放在教育上，才有辦法為孩子創造機會。

再者，我也落實了校長遴選制度，這不是嘉義縣獨創的制度。《國民教育法》第九條規定：校長採任期制，且須有評鑑機制，任期結束後必須再參加遴選，或者選擇回任教師。因此，校長的辦學績效評鑑成果，就成為是否續聘的依據。換句話說，假如沒有辦理評鑑，遴選將變成空殼，大家會認為當校長是靠關係，結果大家都去經營關係，而不認真經營校務，這對孩子怎麼會是好事呢？校長要用心經營校務，孩子才會有感，如果一直在經營關係，學生、老師怎麼辦？所以，校長遴選制度的落實，是我改善嘉義縣教育環境的第一步。雖然很辛苦，但是一年一年慢慢改變，再加上縣長的支持，我們逐漸改變了基層的想法，校長們的心也就這樣安定下來。

最後，等大家步調齊一之後，我才推出政策，也就是所謂的「嘉教五讚」、家庭訪視工作的落實，並陸續推動學生社團、異地遊學、小校交流、實驗方案、引進大學資源、學力檢測、英語共學、共伴學校等等翻轉的作為。

「嘉教五讚」包括品格力、認同力、英語力、健康力及親水力五項能力，我認為國中、小學階段是基礎教育，國中、小學時期是孩子養成軟實力的重要階段。不管學科能力如何，基本的生活能力，一定要具備。儘管不是每一個孩子都能夠把學科學得很好，但是，只要老師用心教誨，每一個孩子都有機會培養基本生活能力。

基礎教育學得好，學科能力才有意義；一旦有了基本生活能力，縱使學科能力不好，孩子還是一樣擁有生存能力及競爭力。基本生活能力發展得不好，學科再好、地位再高，對社會不一定會有貢獻，有時候危害反而更大。我們看到了把基礎教育做好的重要性，所以才要努力去養成五項能力。

學歷和能力不成正比的臺灣

政府雖然重視教育，大力改善教育的環境，但是教育程度的提升，並未反應在國民的素質上，形成學歷和能力不成正比。為何不從基礎教育好好做起，把基礎能力培養起來？

在國中小階段，最重要的是培養基礎能力，也就是培養為人處世的能力，並發展基本的人文素養。過去的老師將人文素養融入生活課程之中，用身教影響孩子，國小是包班制，老師與學生相處的時間很長，音樂、美術、體育……各方面都能教授，對孩子的影響深刻，老師自身的生活經驗也可以融入教學當中。

此外，在過去實施六年義務教育的階段，小學畢業後沒有繼續升學的人，大部分就去當學徒，從灑掃、應對、沏茶等生活細節中，鍛鍊出生存能力與挫折容忍力。雖然有時候會挨老闆罵，但老闆其實是在教他，看他有潛質，才把技術、功夫傳授給他。如此一來，孩子才會懂得珍惜。孩子要懂倫理，生活教育得要做得好，過去的孩子比較懂事、素質較高，原因就在這裡。可是，現在國中義務教育制度是「請」所有的孩子都來讀書，喜歡讀書的當然不要緊，不喜歡讀書的自然是度日如年，空有學歷而沒有能力。

現在的學校在課程、師資安排上，根本沒有依學生的差異去做調整。每個學生都有不同的特性與天份，但是政府對於國中教育制度，只是一味地要求常態編班。常態編班就是以同樣的師資、同樣的課程、同樣的評量方法，套用在不同的學生身上。這套制度至今已經延續了四十八年，常態編班彷彿是教育的萬靈丹，這正是我所擔憂的。因為，再好的師資，再理想的課程，如果沒有按照孩子個別的特性去引導，施教不因材，無法做到適性，又何以去揚才，去成就每個孩子？這無異是緣木求魚，只是睜眼說瞎話而已。

所以，這時候我們必須改變觀念、改變做法。改變做法，就是要去檢修法令制度，教育部不能放棄自己的專業跟權威，要有自主性，而不是去倡導某某學者、某某國家的做法，然後就全盤引進！教育部應該評估這套理論與做法，是不是適合現在的環境，是不是適合國人的性格，應該要全盤檢討、從根救起。

基礎教育，比如種樹

基礎教育做得好，就如同我在庭院裡種樹一樣，枝幹長得不好，我可以剪掉，只要根部健壯又美，「浪子也會回頭」，發了新的枝芽，就還有機會。如果根部已經腐爛，末端長得再漂亮，有用嗎？如果做人沒有品行、沒有良心，譬如醫生想詐領健保費，或者建築師隨便設計、包商偷工減料，你想這房子會堅固嗎？所以，一個人縱使有優秀的學業成績，但是卻沒有品行，對國家社會就無法有所貢獻。

因此，基礎教育的重要性，從種樹的道理就可以看出來。根部一定要照顧好，根部長得健康、強壯，末端要怎麼發展都沒問題，即便長得不好，仍有修剪空間。如果道德教育和良知教育沒有做好，就算擁有再好的專業知識，恐怕都一無所用，甚至將成危害。這些問題，國家必須予以重視和面對，並且重新檢討，不要死守著那些早已不合時宜、不合乎孩子特性的法令。

讓孩子找到亮點做自己，才是教育眞諦

受教育的目的，是要尋找自己喜歡的生活方式，只要合乎自己的興趣，自然就過得快樂。機會有時是自己創造出來的，有些機會則要由政府來安排，但總歸而言，教育就是要讓每一個孩子找到亮點，找到自己，並且做自己。

如果每個孩子都可以發揮專長、發揮優點，出了社會，和別人相比，那是拿自己的優點、專長來比，他怎麼可能會輸人？像我不會說英語，絕對不會去和人家比賽說英語；我不喜歡跑步，也不可能去和人家比賽運動吧！我會唱歌，我當然要去參加歌唱比賽，我的勝算才大啊！每一個孩子，都能夠發揮其長處，自然就不怕沒飯吃！但先決條件就是要讓他能找到自己，找到他的亮點，這就是「適性」。

教育的本意，就是要教一個人，教他如何做好人，讓他有發揮的空間，讓他有適性發展跟揚才的機會。如果這個部分做得好，人人自能盡其才，適才適所，國家的生產力及競爭力自然強大。相反的，教育投資如果沒有做到因材施教，如何能夠學以致用？我所學的，最後英雄無用武之地，甚至根本沒學到半樣，如何發揮？致什麼用？

所以應該要讓孩子盡快找到自身的亮點，然後培育他的亮點，裝飾他的亮點，讓他亮得更亮，能夠做自己，這件事真的很重要。

不管是什麼行業，只要發揮所長，一定有競爭力。最怕的是去做不適合你的工作，非但不快樂，也不會有成就，因此，教育政策應該要能夠引導教育現場。我認為政府有很好的理念，可惜的是無法落實，政府要虛心檢討。法令訂得不錯，但是為何我們都做不到？當初說要德、智、體、群、美五育均衡發展，但是實施到現在，只強調一個智育，這是誰的錯？誰能挽回？只有政府！

第二部
嘉教理念

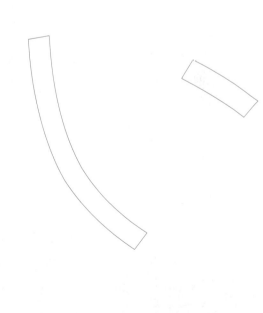

I 偏鄉教育重整與建構新方針

偏鄉教育急需改革，原鄉更是偏鄉中的偏鄉，需要的是因地制宜的教育策略。我們必須體認到這個歷史發展脈絡，才能夠規畫出適當的原鄉教育政策。

偏鄉教育的劣勢與困境

嘉義縣是典型的偏鄉——居民多務農為業，工商業不發達，人口外流嚴重，地方的稅收有限，自有財源不足；再加上地廣人稀，中央統籌分配款有限，所以能夠挹注在教育上的資源，相對不足。

嘉義縣境內，全校總班級數不到六班的國小，數量約占全縣的三分之二。小校的學生人數不多，同儕互動少；老師的教學缺乏競爭力、教育成本高，教育成效無法顯著提升；再加上許多學生來自單親家庭、隔代教養家庭、新住民家庭，家庭功能欠佳，社會資源又少。因此，偏鄉教育不但先天不足，後天也失調。

不管是偏鄉或都會，臺灣均實施相同的教育政策。這一點對於教育資源豐沛的都會區學生來說，沒有太大的問題。因為都會區的孩子長期處在高度競爭環境，時時都保持高度的戰鬥力，自然有所成長；然而，偏鄉的孩子卻只能在自然的環境中成長，受到的刺激不足，導致潛能未被開發、欠缺競爭力。再加上偏鄉的家庭功能不彰、師資結構不健全、主任和教師流動率高、代理教師比例偏高且招考不易，以及教師教學不力等，諸般既存的問題，猶如雪上加霜，孩子的學業成就，難免較都會區學童落後。

原鄉是偏鄉中的偏鄉

十九世紀以前，臺灣的原住民族都在自己的生活領域中，自主地發展社會結構及教育文化，因此，當時尚未出現所謂的「原鄉教育」意識。到了二十世紀初，政府將原住民族也含括在國家教育政策系統之中，忽略原住民族特殊的地理環境，導致文化上的主客易位，結果竟使得「原鄉」成了偏鄉中的偏鄉。我們必須體認到這個歷史發展脈絡，才能夠規畫出適當的原鄉教育政策。

受限於地理及交通的條件，原鄉在教育資源、師資、資訊流通、環境設備各方面，都無法與平地學校相提並論，而這些先天或後天造成的因素，讓原鄉成為文化不利地區，原住民學生的學習成效與綜合表現，放在現今的國家教育系統之中，幾乎無可避免地處在弱勢之中。

另外，原住民族本來就擁有與主流文化截然不同的生活型態與族群性格，在他們接受外來文化的同時，也會產生許多矛盾、衝突與文化落差現象。反映在現代的學校教育上，則原鄉學生的學習能力通常較一般地區的學生來得低落。因此，不論是在理論上，或是實務上，對於原鄉教育的規畫，都應和一般地區明顯區隔，且更為細緻，藉著因地制宜的教育策略，彰顯出原住民學生自身的特色。

重建偏鄉和原鄉教育新理念

「生在偏鄉本無罪，活出希望靠機會，嘉義囝仔不認輸，在地翻轉真功夫。」偏鄉的孩子不是傻、不是笨，只是欠缺機會，這是我念茲在茲的事情。尤其是偏鄉和原鄉的教育，需要更積極的教育政策支持，而教師是偏鄉和原鄉教育的希望，所以努力開創孩子學習的機會是教育者責無旁貸的使命。

俗話說「天生我材，必有所用」，上天創造萬物，雖無法使萬物十全十美，但卻讓萬物各有千秋、各有優缺點。天生我材的「材」要如何去挖掘、去發現，我想，最直接有效的方法，就是透過教育，教育能讓學生了解自己的才能有多少、優勢在哪裡。然而，學習到底是要學些什麼？這是我們從事教育的人該要探討的。

至於受教育的人，其想法各有差異，有些想要當大官、發大財，有些則可能只想學習如何去照顧、幫助別人，每個人的夢想都不一樣，所接觸的環境也不盡相同，辦教育，就要讓每個孩子了解到自己受教育的目的。

讓學生達禮甚於知書

教育的目的，不是讓每個人都取得高學歷，而是讓孩子懂得做人要知倫理，學習尊重及包容。醫生在看診時，能夠視病如親，用「醫者父母心」的心態面對病人，自然能竭盡所能，發揮專業，醫治、照顧每個病人；同樣的道理，老師若能懷著同理心，對每個孩子視如己出，便能傾囊相受所學所知。老師不藏私、不怠惰，學生從老師處學習到的不只是知識，更懂得為人處世的道理，人人如此，社會的氛圍自然安寧祥和。

培養孩子的挫折容忍力

教育孩子，並不是教他們一味地追求高學歷，最重要的是教他們如何面對挫折，培養其挫折容忍力。人生不如意者十常八九，縱使家財萬貫，衣食無缺，還是要面對天災地變、生老病死、悲歡離合。我們常說學校就是製造失敗、挫折的場所，孩子到學校讀書，學科好的人，在學習方面有成就感，但在運動或其他藝能表現上，可能就不如其他同學，因而產生挫折感。正由於這些挫折，才能讓孩子了解自己的過人之處與不如人處。要如何截長補短，把弱點補強，讓每個人都有展現長才的機會，就是學校發展「全人教育」的目標。一個人的挫折容忍力越高，能夠處理與面對的事情就越多，成就也就越大。

啓動孩子學習新知的能力

身為家長，不要在乎目前孩子在學科上的成績有多好，是否考了滿分、第一名。只要能夠建構基本的知識，把不懂的地方學會，就是第一名；把失去的分數找回來，就是一百分。

我們要有一個概念：不要追求每一次的分數，而是架構好知識的基礎，讓孩子發展出自行理解、吸收新知識的能力。因為我們正處在知識爆發的時代，隨著時間的推移，知識也不斷的翻新，學校教育不可能滿足孩子一輩子的知識需求。學校教育只是為孩子打好基礎，讓孩子具備學習知識的能力和意願，這才是重要的。所以，不要太重視表面分數，多專注在知識內涵上，養成終身學習的習慣。

協助孩子尋找喜歡的生活方式

每個人擁有的天賦不同，以致於生活方式也有所差異。孩子在校可以透過社團、與老師及同學的互動，或是從志工、校護阿姨、廚工等不同人的身上，觀察到不同的生活方式，從而探究自己的興趣與性向。如果孩子對醫學有興趣，將來可能成為醫生，那麼，他對醫學方面的知識，就要多多涉獵。開發潛能、陶冶性向，就是來學校學習的目的。受教育並非為了追求發大財、做大官，而是為尋找自己喜歡的生活方式。

Ⅱ 積極作爲、創新思維，翻轉偏鄉教育

要如何因地制宜、因材施教、客製化照顧，落實受教權，是政府的當務之急。

「嘉教五讚」期許每個孩子在多面向都能學有所成，成爲他們用之不盡，一輩子的能力。

具體行動策略，改變教育現場

如何強化和補救偏鄉學童的學習力，是政府的責任，而我深知偏鄉教育所面臨的困境，必須從法令規章的層面作結構性改變，因此每每參與教育部相關會議時，總不斷的提議修法及建構合宜的配套方案，也因此催生了目前在立法院審議的「偏鄉教育法」，這是偏鄉教育重生契機的重要法案。期待法案能授權校長決定教師聘任、保障

優秀代理教師、讓正式教師與代理教師雙軌並存以創造優質的競爭、提升代理教師待遇來減少流動率、建構偏鄉地區教師的績效獎金制度、積極有效處理不適任教師、建立以學生受教權為主的友善環境、訂定合理的超額教師辦法、建立教師輪調機制等等。

接受國民教育的機會人人均等，但就學機會均等並非指都有學校念即可，而是受教的過程與內容是否符合個人需求。雖然說學生皆有相同的國小、國中、高中的學習過程，但學習內容的差異卻相當大，這差異性緣自於老師心態的落差、學生學習環境缺乏競爭性、偏鄉教育條件受限等因素。因此，要如何因地制宜、因材施教、客製化照顧，落實受教權，是政府的當務之急。

然而，在目前臺灣過度民粹的氛圍下，修法談何容易，所以，當中央政府遲遲未積極正視與解決偏鄉教育所面臨的劣勢與危機時，我們必須主動擔負起教育的重責大任，積極推動以下具體行動策略，期望翻轉教育，讓偏鄉學子有機會在現今激烈競爭的舞臺上找到立足點。

校長遴選制度化，辦學績效優質化

好的教育政策需要學校校長和教育同仁齊心協力，配合推動，而這當中校長和教育同仁的心態及工作態度相當重要，尤其是校長扮演著關鍵的角色。校長的作為關乎學校的生態，因此，校長遴選制度化，推動校長辦學績效評鑑制度，更凸顯其必要性。

為了讓教育政策得以順利推展，應從校長的心態及過去政治凌駕教育之官僚體系的教育生態改變開始做起。所以，嘉義縣依《國民教育法》貫徹校長遴選辦法，推動校長辦學績效評鑑制度法制化，落實校長遴選制度，將政策與校長理念相結合，讓優質教育成為莘莘學子成長的搖籃。

嘉教五讚有夠讚，基本能力值稱讚

為了提升學生五大基本能力，包括英語力、品格力、認同力、健康力及親水力，嘉義縣自一〇二學年度起推動「嘉教五讚」計畫，每位學生畢業前皆需接受這五大基本能力檢測，並在畢業證書背面加註通過項目，以激勵學生努力達成五大基本能力目標。相信在老師諄諄教導下，每個孩子對於基本能力、生活教育、做人處事等各個面向，都能學有所成，這是孩子用之不盡，一輩子的能力。

學科能力做檢測，學生學習得提升

為了提升小校教師教學動力及學生競爭力，第一年先從五十人以下小校開始辦理學科能力檢測，逐步推動全嘉義縣四、五、六年級的國、英、數三科學力檢測，其目的是讓老師有一個具體量化的數據，去檢驗及比較自己教學成效，同時提升學生學習態度，增強其競爭力。

混齡教育新教學，異地遊學創新機

一〇二學年度起針對五十人以下學校進行非主要學科混齡教學，包含藝文、健體、綜合領域，開放學生學習，並對師資配置做充分檢討，根據學校需求加以調整。

一〇四學年度正式推動混齡教學實驗教育，將學生人數特別少的學校由原本六個年級，混齡成為低、中、高三個年段，讓學生有同儕互動學習的機會。更進一步，選擇不同生態的小校，進行一星期的異地遊學課程，除了學習主課程之外，同時進行生活體驗、待人處事、在地文化生態等不同領域學習。老師及家長也能藉此機會交流，促進兩校親師生互動，提升學生視野，建立良好人際互動關係。

大學院校共合作，專業發展創永續

這兩年來與嘉義大學、中正大學都簽訂專業發展合作計畫，由大學教授提升合作學校老師的專業知能，大學生以營隊或主題方式帶領國小學生學習，針對各學校不同需求設計課程，每週一天進行教學。透過與大學合作來彌補學校師資、專業、設備的不足，讓學生提早接觸大學，具有大學宏觀的視野，對大學未來有美好憧憬。

實驗學校展願景，在地教育真翻轉

在《實驗教育三法》通過，法令鬆綁之後，為了照顧偏鄉學校，翻轉嘉義縣小校教育，我們邁開第一步，搶先推動學校型態的實驗教育。我們要的是在地化翻轉的教育，因而從師資及課程全面重新檢討，第一年有四所學校開始推動，邊做邊修正，這其間看到參與的老師、學生及學校澈底改變，我知道卓越的成果已然呈現。所以，偏鄉的孩子不是傻、不是笨，給他們同等的機會，其優異的表現是指日可待。

另外，只要老師懂得如何教學及運用，對於小校小班如太興國小和仁和國小，混齡教學是非常理想的，教學過程中可以訓練較高年級的學長姐協助較低年級的學弟妹，大手牽小手共同學習。

由此可見，因少子化而裁併學校，並非小校的唯一命運，如何在地翻轉才最重要，而實驗教育確實讓嘉義縣偏鄉小校掌握教育精髓，另闢蹊徑，走出自己的一條路。於是，第二年我們又推動共伴親家實驗學校、行政創新實驗教育、英語共學混齡實驗教育。真正做到普及實驗教育，讓在地化教育翻轉。

好嘉教小故事

嘉義縣仁和國小混齡教學實驗教育

小玉（化名）是新移民子女，從小個性害羞，害怕與人說話，也由於缺乏自信，經常因為小事就哭哭啼啼，不知如何處理；即使在家中，小玉與父母也甚少溝通，生活自理與學習態度上趨於被動與封閉。

這時適逢學校轉型為混齡實驗學校，她從原本獨自一人，轉而為與三位學姐在同一班上學習。混齡學習期間，老師針對小玉生活中的灑掃應對與功課進行指導，學姐們也會主動陪伴小玉，不管是日常互動或課堂作業，大家都一起合作學習；老師設計的小組作業，更讓學生有團隊合作、溝通討論及上臺發表、累積自信的機會。此外，學姐們還會在小玉放學回家後以電話或line群組關心她學習的進度。

這樣持續的關懷行動，讓小玉有了同儕的情感支持，開始重視自己學校的表現，除了和父母的相處及溝通愈來愈融洽外，在學習態度上也轉為主動積極，對於課業上的問題也會主動向老師或學姐請教。

更令人刮目相看的是，在六年級時，她已能代表學校參加全縣英語說故事比賽，並在學校期末戲劇展演時獨挑大梁，與當日害羞的小女孩已不可同日而語。

這樣的改變著實讓小玉的父母與學校老師們感受深刻，爸爸媽媽覺得小玉在家中從總是需要被提醒做功課，轉為會主動詢問家長課業的問題，也常常聊起學習點滴，更會積極幫忙家事；老師們發現小玉從原本的內向害羞，到最後能獨當一面，擔任學校糾察隊長，極具大學姐的風範，並且也會開始指導與關心周遭學弟妹的學習，可以說小玉從裡到外因混齡教學而有了生活態度與學習上的蛻變！

小玉今年畢業了，在畢業典禮上，小玉的畢業生致詞中表達了對於學校與教師的感謝，讓她能改變對學習的看法；在混齡實驗教學中，老師幫助她學得更自主、更多元；同時也高興不用再一個人孤獨的上課，而是能與其他同學一起討論，共同分享學校與生活的心情點滴。這一切改變，可以說都是經由推動混齡實驗的教學中而奠基發生的。

家庭訪視來落實，家長有感真放心

學校老師關心學生，常透過家庭訪問機制，讓家長感受到學校用心，對教育有感，尤其是需要關注照顧的孩子，透過家庭訪視不僅拉近親師距離，也藉此了解弱勢學生的需求並給予協助輔導，彌補因文化不利所造成學習不足，提升偏鄉教育的成效。

小校轉型重溝通，優質配套受肯定

嘉義縣受少子化的影響，學生數五十人以下的小校非常多，面對這種情況，在學校轉型方面，我們自有不同的因應策略，所以當很多縣市在併校方面發生很大爭議的同時，嘉義縣的做法卻相對廣受家長放心且支持。

其實，裁併學校是不得已而為，早期農業社會人口眾多，加上國民教育是義務性質，因此，當時的教育目標是一個村設置一個學校，以利就近入學。但是，現代家庭少子化，又有人口外移因素，導致有些學校沒學生，迫使政府須推動小校轉型，其目的不是為了省錢，而是考量整體教育成效，因為偏鄉學童在沒有競爭下，城鄉差距會愈來愈大，政府當然不能坐視不管。然而裁併學校是很困難的，如果沒做好溝通，甚至強制裁併，就會引起不必要的困擾與抗爭。

嘉義縣由於地理環境複雜，偏遠山區學校若被裁併，勢必產生家長接送時的交通安全疑慮，所以這些人數少的學校當然有存在的必要，但保有學校而沒有積極作為，這些學生在山區小學待了六年，有可能學不到三年的東西，甚至進了國中還停留在國小三年級的程度，那就有損學生的受教權。

所以，我們不以學生人數為導向，而致力於在地教育翻轉，就是希望學生人數少的學校，能發揮它存在的價值，即使一班只有一、兩個學生，只要老師用心教導，學生表現不輸給大校學生，那我們就不需急著併校。但事實上學校的合併，對整個學習環境境的改善是有幫助的，原則上我們會因地制宜。在執行之前，須經過專業性的評估，也就是說以人數三十人以下為目標學校，學校每年擬定一個校務發展計畫，各校朝計畫努力，過程中經由小型學校轉型小組來輔導，提供建議，期末做績效評估，若效能不錯，且地方也支持，那麼學校就可繼續運作，效能不好的學校才依規定程序進行裁併，這等於說是一個前置作業。最後依評估結果鎖定成效較差的目標學校去和家長與社區面對面的溝通，討論轉型理念、未來方向、配套措施等等，直到雙方同意再做轉型。當然，最後的決定權還是交由家長，孩子學習好壞由家長自己決定，我們的責任是分析、說服家長，讓他們明白其中的優缺點，如此一來，抗爭的機率自然就大大減少。

多元社團廣增設，偏鄉學生受益多

每個人的知識來源不同，有些人來自教科書，有些人來自活動，而有些人兩種方法都適合他。所以，除了學科的學習之外，社團發展或活動辦理便相形重要，如此才能滿足不同人的天分和需求。

偏鄉地區因為小班、小校，在環境生態、競爭性、互動性和都會區相較，明顯不足，所以若論學科，偏鄉學生與都會區學生落差會很大，正如我常講的：「學習六年可能不如都會區學生學三、四年的績效」。有鑑於此，小校必須發展社團，以補足同儕互動少的問題。

由於社團可以混合年級，全員共同參與，最後透過成果發表的演出或比賽，讓每位學生都有機會上臺展現長才與自信。反觀都會區學校人數眾多，不可能發展出五項、十項的活動，供學生選擇和參與，況且每個人的選擇至多一、兩項而已，就這部分而言卻是偏鄉小校的優勢。

再說社團能力的養成其實並不輸學科，因為社團是活的、是小朋友實際參與的，除了可以學習社團中相關的專長外，還要學習與同儕間的合作、學習遵從指揮，比起學科注重個人成績，社團則必須看整個團體的表現，而團體生活的能力卻是未

來進入社會工作所需要的；比賽贏了有獎盃、獎金、榮耀，輸了也可從中獲得成長經驗，所以，社團的能力是我一直重視的部分。

在偏鄉社團的參與不可或缺，社團能力的養成能彌補學科的不足，因此縣府要求學校必須有具體發展的項目，讓每個孩子在畢業前至少擁有一、二項社團的能力，這也是我推動發展社團最主要的出發點。

適性揚才好教育，性向學習展長才

「天生我材必有所用」，教育的目的是要開發每個人的潛能，至於如何開發呢？這跟課程的設計大有關聯，課程若能適合學生的特性，自然有興趣學習且有所成就，他日終將一展長才，貢獻社會；如果課程安排不當，無法吸引學生主動學習，就是一種投資的浪費，也是國家人才培育的損失。目前國中階段的教育養成許多不喜歡學校課程的孩子，他們到學校的意願很低，在學習的道路上徘徊，甚至迷惘而染上不好的習性，或許還會在社會上製造許多問題。

對此現象，我們感到憂心，開始反思是否課程設計出現問題，但礙於法令還未開放，而教育又不能等，所以我們試著用實驗的方式將課程做些微調整，但因沒有法律依據，只能利用其他彈性課程或未排課時段，將技職方面的探索教育，向下扎根至國中一年級，希望未來中央政府能夠授權讓我們處理這類課程，或者做到適性編班，而此編班在國中三年裡可以互流，因為若無因班去編排課程，師資很難安排。

因此，若我們有不同的班別，而孩子的適性發展有需要改變時，就可以透過互流的機制，將孩子調整至學科性向班或技職班，相信如此安排，到了國中三年級就能讓孩子定調、定性，接下來要升高中或高職，便可直接做出選擇，順利的銜接高中職階段。之所以有此構想也是因為有感於目前的教育不符合每個孩子不同的特性，反而造成人才培育的延誤。

一步一腳印，點滴感動在心頭

我個人職涯歷經三個縣市，從臺南縣到縣市合併、到嘉義縣，從都會到偏鄉，我深深領悟到一個人的成長過程中，教育是多麼重要的環節，不是每個人都能享有同等的教育機會，可能會因出生地點、家庭環境、社經地位、學校、老師等等不同的因素而有所差異，但我認為這是不公平的，「生在偏鄉本無罪，活出希望靠機會」。

這個「機會」就是教育機會，但這個機會光靠中央政府，幫助實在有限，所以地方政府扮演的角色就至關重要，要多深入了解，因應改變，在過度僵化的法令下，盡量找出突破點，同時與教育同仁和家長勤於溝通，雖然翻轉教育現況的確要費很多工夫，但只要努力去溝通，訂出可行的想法、做法，「嘉義囝仔不認輸」，這樣教育成效自然展現。

在偏鄉辦教育往往會產生許多令人感動的故事，這是所有同仁的努力及家長的支持所換得的，而這樣小小的成就也普遍獲得外界的肯定，甚至有其他縣市來做參訪、觀摩學習。

看到孩子一天一天的有笑容，他們的蛻變與成長就是我們最大的喜悅，欣慰之餘更加確認努力的方向是對的。曾經到臺北去發表成果，獲得中央長官們的讚許，總統也親臨嘉義縣的展間給予鼓勵，這是歷經種種辛苦和磨難的我們最大的安慰及肯定。

行行出狀元，如何把具有不同性向的學生，分散到各個他適合讀的學校去，這是目前教育制度需改革的關鍵，而發展與高職銜接的國中適性教育更顯重要。

Ⅲ 田園城市的教育理念

五育失衡，配套不足的九年國民義務教育

《國民教育法》第一條開宗明義揭示：「國民教育依中華民國憲法第一百五十八條之規定，以養成德、智、體、群、美五育均衡發展之健全國民為宗旨。」標榜的是全人的教育，要讓每個孩子允文允武，都能發展長才，有所貢獻。

民國五十七年，國民義務教育從六年延長為九年，雖然增加國中教育三年，但半世紀以來，因升學主義掛帥，導致過度重視學科，一成不變的師資與課程，使得對學

科學習不感興趣的學生無法滿足個人特殊性的發展，因而選擇放棄學習，間接產生了中輟生、校安等等問題，顯然現行國中課程是無法符應每一位孩子的需要。

《國民教育法》第七條規定：「國民小學及國民中學之課程，應以民族精神教育及國民生活教育為中心，學生身心健全發展為目標，並注重其連貫性。」我認為國小階段主要是基本能力的養成與生活教育的落實，但事實上在臺灣實施將近五十年的九年國民義務教育，卻對生活教育的重視程度微乎其微，在課程上的安排甚至幾乎看不見。

回想過去的年代，學校很重視每天的升旗典禮，那是一個國家與民族精神教育最基本的意識形成；又如每天導師時間的晨間檢查要求孩子儀表、服裝等個人衛生，在在都是涵養學生良好的生活習慣，但這些生活教育的細節在現今教學現場幾乎絕跡。在我的記憶裡，過去進入電影院，播放電影之前都要先播國歌，觀眾自然的起立唱國歌，銀幕上同時呈現國家建設的影像，表達國家建設和人民息息相關，讓我們不只在學校，在公共場所也能透過生活教育提升國民素質，國家意識於焉養成，反觀現在的學校教育可能讓孩子連國歌都不會唱了。

前陣子，泰王去世，泰國全國上下感念其一生為泰國安定繁榮所做的努力，民眾自發性要為泰王守孝一年。泰國人對國家的關心，對卓有貢獻的領導人逝去而舉國同悲，這是國民對國家的認同，是國民團結的象徵，值得我們借鏡與反思。

《國民教育法》第七條闡明以培養學生身心健全為目標，我認為身心健全應首重教育方式的適性發展，適性才能達到身心健全；而《國民教育法》第七條之一則說明「為適應學生個別差異、學習興趣與需要，國民中學三年級學生，應在自由參加之原則下，由學校提供技藝課程選習，加強技藝教育，並得採專案編班方式辦理。」但為何要等到國三才有技藝科目的配套，此時學生對技藝需求的渴望早已心灰意冷，也難怪申請的班級數不多。

教育部對於現行國中義務教育，除了極力要求常態編班外，別無其他積極作為。攤開國中課程全都是國、英、數、理、化等主要學科，難怪有些學生不喜歡到學校，就因為這樣的課程安排不符合其身心發展需求，而且很明顯違背《國民教育法》的立法意旨。其實課程安排比編班還重要，若課程都偏向主要學科，就如同每天營養午餐的菜單都是炸雞、排骨，即便一向喜歡肉食，吃多了也會變得體質不佳，更何況還有素食者？在如此偏廢的課程所培養出的學生，就算學歷再高，人文素養也不健全。縱使未來有所成就，不見得能與他人分享或回饋社會，甚至看不出對國家有任何助益？

國家培養很多資優生出國留學深造，在學有所成之時，很多人選擇留在國外，不想回國貢獻所長，這很顯然是基礎教育出了大問題。另外，新聞常報導大學生甚至研究生學非所用，原因是教育過度強調學科，即使學生的天賦不在本學科，卻容易被誤導，以致發生從法律系畢業，理當從事法律相關的工作，如律師、法官等以發揮所長，結果卻在公司做文書工作，這就形成教育投資的浪費。

我認爲行行出狀元，無須依照學程，中規中矩讀完博士，才去學做麵包、擺夜市、賣雞排或鹽酥雞，而是在學習過程中保有興趣和堅持力最重要。有些孩子寶貴的時間就浪費在學校教育上，應該讓他在國中、高中學習階段便能學得一技之長以利投入產業，日後當他感到學有不足時再回流進修，如此才不會造成被強迫留在教室。與其他同學上同樣的課程，卻是他不感興趣的學科，白白浪費高中三年，甚至大學又四年的時間，也錯失很多職場的機會與經驗。如果能把在學校虛度的時間先為投入職場而作準備，職場的先備經驗將勝過在學校所學的學科知識。

說實在的，當初的九年義務教育因爲沒有完善的配套，課程與師資沒有規畫配合因班施教，卻轉而要求進行常態編班，鑄成今日的大錯。現行的教育資源很多都因為沒有適性而浪費，造成國民空有學歷卻欠缺職場先備素養。現階段政府的教育盲點，普遍認為國民學歷高，國民素質就會高，所以一再投資鼓勵就學。其實公民素質的高低，不是取決於他所念的書有多少，而是他能否有效的學習，也就是要能適時且適性作學習，國小階段應重視生活教育，培養生活能力，國中階段就該提供適性分流教育，讓每個孩子的獨特性都能得到充分發展。試問：在常態編班的世界裡，如何能做到因材施教？若施教不因材，又何以讓每個孩子有成就呢？

國中教育實施半世紀，政府所注重堅持的還是那毫無科學根據的常態編班。主要理由美其名是要給孩子都有同等的學科能力及所謂的教育機會均等，更荒謬的說法是為應付畢業前每個學生都要參加同樣科目的教育會考。這些原本無可厚非，但此論調實在太過牽強，似是而非，難以令人信服。每個人的性向、興趣、能力本就不一，除了生活能力及待人處事的素養外，每個人的教育基本需求也是不同的。因此國中教育階段就該給予不同的學習選擇機會，這才是眞正的教育機會均等。

所以，與其堅持常態編班，不如依據不同的學習性向，設計不同又多樣的考試科目供考生選擇，考其所長，自然就會樂意學習。為什麼每年偏鄉地區參加教育會考的學生在國、英、數的成績常是C級，永難提升？這大都是因其對學科不感興趣，所以，縱使有再多沒有針對其需要的補救教學也都是枉然！試想，如果不考國英數，而改考他所喜歡的才藝、技藝、體育等等不同科目，其結果必然改觀，箇中道理自然不言可喻。

教育其實很簡單，為何政府始終都無法對症下藥！

徒具理念，虛有其名的十二年國教

十二年國教，基本上就是過去九年國民義務教育的延伸。政府為了提升國民素質，再延長三年成為十二年國民基本教育，立意方向是良善的，不過政府卻一直在犯同樣的錯誤。

十二年國教有幾個核心理念，第一是全面免試：從人部分學生免試開始，最後達到全面免試的目標。第二是免學費：免學費政策希望可以吸引更多家長的支持，讓每個人都可以讀完高中職。第三是適性輔導：的確，在整個教育「人」的過程當中，透過適性輔導能讓每一個人找到自己的亮點，展現長才，這是非常重要的核心理念。第四是希望能就近入學：就近入學的先決條件是要使所有的高中職都能達到優質化、均質化，家長才會選擇就近的學校。當然還有其他許多理念和方向，但這四大核心是最關鍵的。

到目前為止，已經實施了四次的國中教育會考，我們所觀察到的是，不論是家長、政府部門，甚至整個社會，對於十二年國教依然聚焦於「入學方式」的計較，大家關心的還是教育會考，尤其是教育會考的成績計算方式！方向完全偏離原先設定的理念和價值，結果自然是前功盡棄，身為在基層服務的一份子，對這樣結果覺得非常遺憾。

舉例來說，全面免學費在第一年首先破功，讀高中還是要有家戶總所得一四八萬元的排富條款。其次，說是要免試，但又設計一個大家都要參加的「國中教育會考」。所以第一年（一〇三年）實施時，全國目光焦點全落在如何比序上面。而大部分的比序項目都可透過人為的操作，去滿足每個學生的需求，唯一沒辦法操弄的只剩國中教育會考，也就是學科測驗成績。導致到現在，依舊聚焦於會考怎麼考、排序要如何排、分成幾等第，樣樣斤斤計較。這又回歸到原先以學科為主的考試入學方式，完全失去它原先設計的意義，令人錯愕。

其實，十二年國教所強調的是適性揚才。剛開始實施時，許多家長相當關心，十二年國教到底會不會成功？當初我的看法是，國中端的師資跟課程完全沒改變，其實施結果又怎麼可能會改變？光靠一本學生生涯輔導手冊的紀錄，就能做到所謂的適性輔導？光靠幾項測驗、幾個試探，就來決定孩子未來是要念高中（學術導向），還是高職五專（技職導向）？我認為這樣的施行似乎太膚淺了。

不管如何，已經完成四次會考的十二年國教，應該讓它留下一點價值，也就是所謂的「適性揚才，成就每一個孩子」，這也是十二年國教最終的目標。如果國中端沒有做到學生適性，高中端又何以去揚才？所以，應該在國中階段進行檢視，從國一開始，無論是學科或興趣專長，因應學生不同特性，給予不同的引導和輔導，直到參加高中職免試入學前。亦即在國中三年的階段，孩子基本上都已定向、定調，到高中職再去延伸，方可達到揚才，才有它實質的意義。因此，政府應該把焦點回歸到落實適性輔導這一區塊，看要如何去改進？如何去做？

所謂的優質化與均質化，也要稍微改變方向，目前高中職端，不管公私立高職、普通高中或明星高中，其師資都是經由國家培育養成，卻為什麼會造成所謂第一志願、第二志願等等學校的分別呢？主要在於學生的性向不同！明星學校集合了喜歡讀書的學生，當然學科績效會表現在頂端，由此可知，如何把具有不同性向的學生，分散到各個他適合讀的學校去，這是關鍵。現階段的入學方式，還是以學科會考成績決勝負，無法達到十二年國教設定的免試或就近入學的目標，而這樣的定向方式對讀書沒興趣的孩子是毫無幫助的。

傾聽聲音，尊重需求，學習自主

臺灣早期的教育，在民國五十七年以前是六年義務教育，國小畢業後沒有強制入學，只有愛讀書的、家庭經濟情況允許的孩子才念初中；不喜愛讀書、家庭經濟條件較差的孩子，就投入職場當學徒，學做麵包、美容美髮、汽機車修理、土木工程等等。我認為這就是適性，孩子對這職業有初步的興趣就去學，用心學習三年四個月後就能出師，投入職場，有經濟基礎，立業後還可以成家。

過去潛心學習一技之長，是孩子自己作選擇，認真做就能有所成就，能安身立命。而當學徒的過程，並非一開始就能學技能，起初幾個月是從職場的灑掃應對、待人接物做起，師傅透過生活教育與經驗傳承，累積養成學徒的生活經驗和產業經驗，學徒從中也學習到感恩、倫理、責任等等豐富的生命經驗。

然而現行的九年義務教育，透過強迫入學，把不喜歡讀書的孩子都叫來讀書，結果這樣的孩子興趣得不到發展，當然不想每天到學校，最後可能變成中輟學生，白白浪費時間。這些學生若能被適時啟發興趣，都可以成為基礎產業的人才。從人才浪費的現象來看，便可發現目前國中教育短缺適性課程，沒有做到因材施教。國中教育若僅服務喜歡念書的孩子，無法讓不愛讀書的孩子學以致用，還不如考慮恢復早年的六年義務教育，讓不愛讀書的孩子國小畢業就能透過自己的選擇去當學徒，至少能有份收入、養家活口。我常想：教育原是想讓孩子更好，但錯誤的制度卻是延誤孩子的成長，結果是很令人痛心的。

國中學習若可適時做分流，則國小可配合做職業的試探。在六年級時，老師進行基本智力測驗、性向測驗等量表，施測後建檔，孩子就讀國中後，國中端的老師會有一份完整的學習成就表現資料、輔導資料專冊可參考，以此為依據做適性編班，也就是依照孩子不同的學習性向，進行技職與學科編班。

在國小學習階段，確實是需要幫助孩子探索自己，國小老師僅需直接介紹適性技職概念即可，協助孩子了解生涯規畫，讓孩子對於性向、興趣、能力、專長，具有初步概念和理解，到國中端就可直接進行適性分班。國小畢業進入國中的暑期輔導或銜接課程結束後，國中老師參考國小的專冊紀錄，進行初期的適性分班，之後若有需要還可建立互流機制，初期流動率可能會比較大，到第三年即可定向。國中三年的探索，會發現有些孩子學技藝很有成就感，家裡電燈壞了能幫忙修理，馬桶蓋壞了能修理，孩子透過完成任務不斷累積學習的成就感，也終將邁向幸福的人生。

國小進行適性教育的基礎準備，但不宜耗費過多時間。可以多帶孩子去參訪、探索職業工作環境或看職業介紹影片等，提供國小孩子職業概念，引導孩子認識各種行業及工作性質內容。例如有人說當醫生好，但當真有能力考上醫學院，當上醫生，卻發現要跟病人長時間待在一起，或許就不喜歡，那就無法成為一位好醫生。因此，應該讓國小孩子多看、多聽、多問、多學，再來養成，才能達到所謂的人盡其才，也能為解決少子女化的教育隱憂開闢一條新路。

適性教育向下延伸至國小開始醞釀，到國中就能夠順利銜接，尤其在偏鄉國小，因學校地理環境及社區教育態度不同，資訊流通效能不同，這六年的落差會很大。目前國中常態編班真的很難照顧好每一個孩子，不如澈底了解孩子本身的程度及學習需求做適性編班，透過有效的教學策略及學習檔案適當的分析，提供適當的課程，才是莘莘學子幸福學習之所在。

臺灣的教育發展，一直強調大學生及碩博士生畢業的百分比率，無形中造就了念大學並不稀奇的怪異觀念。現今臺灣孩子一出生就注定配備有一張大學畢業證書，在人人都可上大學的情況下，使得大學文憑失去價值感，虛胖的學歷讓部分大學畢業生空有學歷卻無能力，變成自欺欺人的腫臉胖子，對此教育畸形發展，我們必須有所覺醒。

審視先進國家並不過分強調學歷，在技職體系工作、服務的人，其地位是高於一般行政機關，不僅技職專長能有所發揮，更獲得他人肯定，自我價值就高，可見外國適性發展的創意無限。反觀臺灣的教育，課程由國家統一設計，師資制度由國家安排，再加上法令規章層層限制，這麼一來，如果教育制度模式是好的，那教育產品就有價值，但如果是不優質的教育模式，教育產品就不堪使用。孩子就是教育的產品，若是素質不佳，在國際舞臺上如何與人競爭。

我認為，要達到適性揚才，一定要從國中端開始做起，而且須妥善規畫。以偏鄉為例，嘉義縣在山上或海邊的國小，班級數在六班以下的超過七成。又因為留不住人口，學生人數在五十人以下的學校更達三分之一。所以在國小階段，他們的學科能力因同儕的互動競爭少，老師之間缺乏競爭刺激，再加上家庭功能較薄弱，文化刺激少，安親、補習的機會也少，因此，偏鄉國小學生在這六年的成長，自然與都會區學生產生極大的落差。

偏鄉的孩子國小畢業後，大部分會到山下的國中就學，造成一所國中同時存在不同程度的學生。至於家庭經濟條件比較好的學生，或學科成績比較好的學生，常被私校以高額獎金吸引就讀。因此，同處偏鄉的國中學生來源基本上就是經濟弱勢或學科成績弱勢的孩子，也就是，澈底弱勢的學生絕大部分都留在偏鄉的國中。所以，在偏鄉國中的經營，如果還是提供一般的師資與課程，想引導這些學科程度比較落後的學生，同樣都是三年的學習，偏鄉學生的學習成效一定遠不及都會區的學生。偏鄉將永遠是偏鄉！

即使如此，一枝草一點露，人有各個不同的性向、興趣與能力，在國中這三年應提供孩子多元選擇機會，尤其是偏鄉國中在適性引導的部分，更需提早並澈底執行。也就是在國中階段，多為不喜歡讀書的孩子設想，試探他想要發展的方向是什麼，讓學生可做適度、適當的分流，及早養成他的長才。

適性能力發展，造就健全國民

國小教育的重點應是基本能力的養成，嘉義縣推動嘉教五讚的五大基本能力含括了德智體群美，希望孩子具備有禮貌、守秩序、愛清潔、懂是非之人文素養，學著了解自己、喜歡自己，長大後有成就時，才能造福社會。當今社會亂象不少，有人覺得向政府拿福利是應該的，無所不用其極地訛詐政府；還有少數醫生已是高所得，還動歪腦筋詐領健保費……為什麼呢？那是因為高知識低道德，顯見基礎教育未健全養成，所以基礎扎根還是得在國小落實。

嘉義縣的教育政策從國小開始，學校一定要發展學生多元社團，因為社團活動可以促進同儕互動，鼓勵孩子多元發展，多元探索，社團活動對孩子的互動、生活經驗、基本能力養成有實質助益，雖然可能和未來就業無直接關連，但也未嘗不可成為將來生活上的正當休閒，對修身養性幫助很大，是真正可帶得走的能力，這也是一種適性的引導。當然也因為在國小社團培養出興趣，進入國中後就可以繼續參加延伸性社團。想要達成教育理想，就需要用心去思考，除符合法令規定以外，只要適合孩子發展的，就要積極主動提供學習機會。

國小基礎教育就像共同科目，共同科目具有普遍性，每個人都須修習，而高等教育所修習的科目則是愈來愈專精，但即使是位在教育金字塔頂端的博士，在專業領域表現得可圈可點，若無良好的基礎能力養成，其研究成果未必能造福人群，失去良心道德，博士也會詐騙、智慧犯罪，危害社會的殺傷力更大。因此，國中適性分流後，可以讓孩子找到自己的亮點，適性學程協助孩子適時且大膽的去嘗試各種可能，一展長才。

嘉義縣目前有阿里山國中小與大埔國中小這兩所九年一貫的綜合國中，屬偏鄉小班小校，每年級只有一班，其餘縣內國中則是兩班以上的規模，推動適性教育，技職學程是沒什麼困難的。大埔國中小和阿里山國中小可以推動適性分組，一學年僅有一班，提供適合的師資，在同一授課時間實施不同的課程，如對英文學習有

大埔國民中小學生態探索課

興趣的孩子就多給英語文學習，對烘焙學習有興趣的孩子就增加烘焙課程，透過適性課程讓孩子探索，創造職前現場，提供機會給孩子去選擇，有別於現今之職業試探只是去職場看一下，孩子感受度不大。

有些孩子進入國中階段會有叛逆現象，是因為想脫離束縛，漸有自己的想法，對待人處世，對整個社會生活，開始發展出自己的一套邏輯。從嬰兒到國小階段的認知與發展最會影響未來的行為模式，理論與實際皆是如此，例如開車會想闖紅燈，是習得的認知，因為小時候看到長輩闖紅燈，長大後有樣學樣，孩子所見所聞都會影響認知的發展，是非對錯價值觀也都是透過認知來形成。孩子職業試探學習階段沒型塑好，日後再要適性分流都太晚了，包括對未來職業、就業觀。能從國小階段慢慢去養成，到國中透過課程操作，讓孩子跟國小所學的作比較、連結，孩子就有學習興趣，會特別用心，甚至主動學習，不需爸爸媽媽提醒。如果只是因為爸爸媽媽叫你讀書才讀書，叫你寫字才寫字，這種被動學習又怎會喜歡？又怎麼會有成就感呢？學習就應該讓孩子有動機、有興趣，透過興趣養成，最後化為行動力，花在有興趣事物的時間愈多，就愈容易有成就。

老師是園丁，孩子如同樹木，天生我材必有用，園丁要能讓每棵樹展現特色，展現優點，每一個孩子經過老師的精雕細琢，都將能成爲藝術品，價值高低就決定在老師的努力和用心，要讓孩子具有美感、具有價值，老師就要因材施教、適性引導，以達到人盡其才，這才是教育最終的目的。

鬆綁法令，協助發展地方教育特色

國民教育為地方政府自治事項，是地方政府的事情，教育部應該站在協助如何滿足不同的地方政府需求和做法，畢竟國民教育是地方政府的責任，教育部不應處處拿法令來制肘，而是要努力協助地方政府，因應需求，去鬆綁解套。因為，現行法令並非同時適合偏鄉和都會，在都會區適合不一定適合偏鄉，反之亦然，每個孩子都具有不同特性，就像不可能將同一型號的衣服套在不同身材的孩子身上。尤其教育更要因人而異，想要因材施教就須因地制宜，達到所謂的客製化效果。

少子女化時代來臨，對國家發展是一大危機，孩子變少，基礎教育又無法提升孩子品質，將會是國家安全的問題。現代家庭孩子生得少，家長反而更加寵溺孩子，怕孩子輸在起跑點；再加上傳統士大夫觀念，認為書讀好才能夠脫貧、脫困，才能夠青出於藍，比父母親更強。但我認為，應該要有更適切的教養觀念，行行出狀元，父母和學校都要能了解和掌握孩子的特性，有計畫的培育，落實因材施教，來展現孩子的亮點。這樣的概念，你我都很清楚，只是法令一直沒能鬆綁。

教育部應該讓義務教育課程鬆綁、開放，規範學習基本領域即可。尊重各地方政府，二十二個縣市給二十二塊布料，讓各縣市發揮創意，量身打造，裁縫適合自己的衣裳；嘉義縣多山臨海，學校類型多元，課程發展就會相當多元，師資需求也就不盡相同。教育部授權，讓各縣市政府來發揮，地方教育主管機關自然會有壓力與責任，因為多元發展需要創意無限，就像全國運動會各縣市代表隊進場，縣旗不同、制服不同，大家會去努力發揮創意，營造特色；但如果規定穿同樣大小的服裝，怎會有求好的壓力？又怎能有特色？一切中央政府規定，地方只能聽命辦事，又如何能施展教育理念、抱負與熱情？

國中端的教育重點應放在適性分流、適時分流。基本能力養成之後，接續就是要發展孩子的特性，這樣才有意義，因應孩子不同的特性，給予不同需要的課程、師資、設備，來做適性的養成，日後到高中職端才能做到真正的揚才。

我們真想在國中做適性編班，讓教育來符合孩子個人需求，但這可能會違反現今法令！不過回頭想想，到底是法令規定重要？還是適合孩子需求重要？教育主體是孩子，孩子天生本性難移，但是法令如已不合時宜是可以修、可以改的，教育應該要適度開放。教育現場的老師如果認為適性教得好，那就應該設計適性課程去教，因為面對不同的孩子，課程與教學並沒有放諸四海皆準的方式，教育應該把握大原則及大方向。

以嘉義縣來說，如果政府的法令能鬆綁到適性，教育處就可以訂定適合嘉義縣國民教育的規範，讓學校因地制宜，客製化學習內容。舉例來說，可將招不到學生的國中轉型成技職國中，對於學科學習沒興趣的孩子都可以到這所國中就讀，如此一來，在國中學習階段對職業類科有興趣的學生，就不會演變成中輟的情形。經驗告訴我們，過去阿公阿嬷沒念過書，也沒學過電腦，但卻能跟隨流行使用手機抓寶，或操作電腦，主要原因是有興趣、有需要，他就會想學會；一位麵包師傅，技藝不錯但英文不好，有朝一日想要拓展海外市場，他就會主動學商用英文。這樣的教育投資就不會浪費，讓每個人去好好學他目前所需要的，即會有好的效果呈現。

因此，一個國家的強盛不是以學歷高低來論斷，而是能否讓每一個國民得到充分發展。如果每一個國民都沒有發揮的餘地，專長在教育階段沒有被激發出來，如何能盡己之心力報效國家？孩子能否知道自己的能力與專長，這便是教育要解決的問題。

關於國民教育課程，是可以做適度的規範、合理的開放，以及因地制宜的授權。若能如此，地方政府自會承擔更多的教育責任，也更能發揮地方教育特色。反之，如果法令限制過多，綁手綁腳，地方政府為了不違反規定，只好勉強配合法令規定來辦教育，那只會把孩子的學習權益與天性置若罔聞，這樣的制度將會不斷的扼殺孩子們成長，而城鄉教育落差將因而更加擴大。

《實驗三法》助嘉教一臂之力

我們總是希望透過教育，讓學生學以致用，擁有充足的知能、良好的技術以造福國家社會，服務人群。如果一味的認為一定要國中完成學業後再予以分流，將會造成許多孩子在國中階段就被迫放棄自己。所以應該授權地方政府「因地制宜」，我們強調的不是能力分班，而是要適性編班，再因班施教！這樣才不會造成教育投資的浪費，讓每一個孩子都能夠學以致用，行行出狀元。

《實驗三法》在二〇一四年一月一日已經正式實施，過去，我們有想法，但礙於法令沒辦法做的，現在可以如願施行，也就是說我們只要有想法，同時也能付諸行動。嘉義縣是先從國小開始做起，而且已進行到第二年了，但國中部分還是礙於《國民教育法》規定，實施常態編班。所謂的常態，就是提供同樣的師資及同樣的課程給所有的學生，這部分實在沒辦法去克服法令的限制，但因偏鄉學生學力落差大，常態編班就如雞兔同籠般，把落差極大的學生集中在一起「混才施教」，造成老師教學、學生學習都痛苦的「兩痛」情形。老師不知道怎麼教，學生不知道怎麼學，所以說，光有進度，光有評量，並沒有實質意義！

今年我們嘗試找三所國中來進行實驗，一是豐山國中小，在山區增設國中部，讓孩子就近就學，不用小小年紀就離鄉背井到山下讀書。其次是改制大埔國中小，結合國小和國中形成九年一貫的人文生態的實驗教育課程。忠和國中則進行試辦「適性編班」、「因班施教」的實驗。這個案子還在部裡進行磋商，因為礙於實驗教育校數不能超過十分之一的規定，本縣共有二十六所國中，依比例應該是二．六所，我們認為應該無條件進位成三所，但是教育部卻堅持是兩所，似乎略顯僵化。

九年國民義務教育因配套不足，除了創造了中輟生，第二個產物就是牛頭班這個名詞。所謂的「牛頭班」意指後段生的意思。身為教育工作者的我們應該要檢討，為什麼會有學生中輟？為什麼會有後段班學生？不能為解決後段生的問題，強制規定要常態，常態意謂著常常被淘汰，其結果可能變成大家都學不好，這當中當然也涉及很多因素，包括師資的養成及設備不足。這種教育制度，使老師無法去規畫、因應如此差異性大的教材和教法，最後只有跟著進度走，反正時間到了學生就畢業了，讓想要認真的老師也很難著力。

偏鄉家長對學科成績表現也是有現實的想法，如果眼見學校沒有做好能力分班，可能就把學生轉走了。因為他的孩子比較想讀書，學校如果沒有孩子需要的，家長就把學生帶到私立學校或是能配合編班的學校去就讀。都會區比較容易做常態分班，因為不管是家庭教育或是補習方面的資源、文化刺激等等都較具優勢，所以，基本上學生的學科程度差距並不會很大。也因此，很多偏鄉的孩子就可能轉移到都會區學校或私校就讀，因為都會區資源多，同質性大。所以，偏鄉的學校如果沒有因應不同孩子的需求予以引導，還是以一套同樣的國中課程，對偏鄉的孩子來說再怎麼教，他們學科的程度還是無法跟上的！同樣的時間、同樣的課程，並不是代表教育機會均等。

為了孩子教育，還是要建議教育部必須持開放的態度，讓地方政府勇於嘗試，如果能讓孩子學得更好，為什麼不鼓勵、不支持呢？我始終不會放棄，只要是為孩子好的事，再辛苦都會持續跟教育部溝通，必須讓長官們清楚的知道偏鄉教育的需求，怎麼樣才是真正在照顧偏鄉的孩子，怎麼樣才是在培養國家未來所需要的人力！

發展與高職銜接的國中適性教育

每個人的聰明才智本來就不一樣，教育的功能是要適度的引導，並且找出學生的優勢，予以栽培，讓每個人都能夠發揮所長，這才是教育的真功能！但是，現行的教育制度卻是「法律一經訂定，大概只有著重在如何去符合法律的規定」，卻沒有因應時空的變化，做適度的調整，這讓基層教育人員在工作上常有力不從心，甚至為了孩子好而不惜背道而馳，有點明知其不可而為之，毫無成就感。

九年國民義務教育，國家投注了龐大的經費，但是「窮不能窮教育，結果苦的還是孩子」，我們投資的東西有些是孩子們不喜歡的，沒有辦法將國民的能量、能力開發出來，反而造成投資浪費，培育出許多空有學歷而沒有能力的人，這是應該深切檢討的！其實，如果教育部沒有把握，沒有信心，應該放手讓地方政府嘗試去做，教育部只要負責指導、監督，讓地方政府做做看！

目前，嘉義縣打算在海區的國中學校中找一所國中，轉型成技職國中。因為，海區這邊關心學科成績的家長，在孩子國小畢業時，就自動的把學生分流，愛讀書的學生送到以學科為主的公私立學校就讀，留下來的學生大部分是對讀書沒多大興趣的，或是學科基礎不太好的，這些孩子進入當地國中，面對一樣的師資、一樣的課程，說實在的，老師教得很無力，學生學得更痛苦。所以，這三年，學生不是睡覺就是中輟。每年還得花費許多人力、物力或經費在尋找中輟生，不管怎麼輔導、檢討，效果都很有限。這些投資不是造福，而是痛苦！

其實政府應該去檢討「為什麼這些孩子不喜歡到學校？」原因何在？我也曾經聽過布袋國中的老師說：「我們有些三年級學生，一個禮拜中，大概只有技藝學程上課時才會到，其他時間都中輟！」我想，如果每天都有技藝課程的話，不就可以解決這些學生的中輟行為了嗎？政府不應該逃避，而是仔細檢討，作適度的開放或修正，讓地方政府因地制宜，給予輔導及協助，例如請職業學校協助及建立與國中合作的平臺，宜積極從事這個區塊，而不應一味的死守所謂的常態編班，讓國民受教育的機會受影響，甚至剝奪了其發展長才的機會！這絕非負責任政府所應為。

如果我們培育的學生，無法達到人盡其才，日後他們無法順利就業，政府連課稅的機會都沒有，甚至造成低所得、無所得的下一代，反而徒增社會福利的支出，增加社會成本！這個問題值得大家深思，更何況潘部長剛上任，在就職記者會中他提到：「要把學習的權利還給孩子！」即以國民的學習權取代國家教育權，我們不能再用同樣的一套標準、進度，套用在所有的孩子身上，畢竟孩子們個別差異及學習歷程不同，部長有這樣的理念，希望也能有實際的做法出來，嘉義縣政府一直在等待，我們都準備好了！

從學習中獲得成就，本是一件快樂的事！但為什麼會有許多孩子不喜歡到學校學習？這表示學校教育無法滿足學生的性向需求。國中階段學生經過國小六年的洗禮，對於認知未來發展的可能性已達到一定的程度，對於過去所學的以及未來所想像的，他必須去聚焦。不管過去在小學是學習不力或是老師教學沒有盡到責任、或是家庭因素……，無論如何，到了國中階段，應該及時把握機會，給予適度的引導和輔導。

我們希望學校能夠德智體群美正常發展，但是偏鄉學校的學生經過國小六年的成長，加上家長社經地位落差很大，都可能影響孩子未來的選擇及就學方向，此時政府的力量就相形重要。未來在偏鄉國中，因為學生處於澈底的弱勢，學校及縣府該如何去做規畫呢？舉布袋國中為例，布袋鎮以魚蝦貝類的養殖及水產加工、冷凍等產業為主，學校便可以根據地方現有的特色及產業文化來規畫課程，同時納入合作學校，研擬出完整可行的計畫，這是我們未來努力前進的方向，能不能成型則要看教育部的態度！縣府盡可能就地方產業文化、適合合作的學校師資及學生未來升學的便利性，做完整的搭配，雖然目前僅止於發想，希望教育部評估之後，能積極的支持，讓我們有機會正式來實驗！我想，這對在國中受教期間睡三年的同學應該是有幫助的，至少，在國中三年之後，學生對於職業的試探等等應該有更深刻的印象，同時也有助於其未來就業。

每個孩子天賦、才能都不一樣，我們希望為嘉義縣的孩子思考，哪些技職類型比較適合來學習。首先，以本地產業為最直接的考量項目，當然也要和未來高職連結，因為必須考慮參與適性學程的孩子的未來升學，還必須考量到嘉義縣國中學校的地理分布，讓就近入學成為最好的安排。

嘉義縣幅員廣大，靠山臨海，國中適性學程會以在地產業相關的課程為發展主軸，山區國中發展製茶的課程，海區國中發展漁業、水產加工課程，平原屯區國中則可發展精緻高經濟價值的農業課程。

若有孩子對在地產業不感興趣，或許可以就學學校的規模來考量評估設計課程，不過如果學校規模太小，卻設計過多適性課程，便顯得無實質意義，反而造成資源浪費。宜針對產業需求與孩子的學習需求，研擬出相關配套，再就各校本位需求設哪些類科作詳細評估，高職端的技職類科也須納入考量，讓未來國中適性學程與就讀高職可以順利銜接，如此國中適性學程師資可以就近擴充，設備也有地方取得，各國中可以就地理位置與臺南市、嘉義市，甚至雲林的高職技職教育系統，一併磋商國中適性學程規畫。

嘉義縣很想實驗綜合型國中，教育部的看法則認為所有學科課程都要授滿，再輔以彈性課程時間去教授適性技職學程，但我認為應該是針對學生有興趣的課程給他多一點，沒興趣的課程少一點，讓每個孩子的學習因應興趣與發展而有所差異，這才能展現孩子個別的優點，成就每個孩子不同的學習需求，課程透過在地客製化，因地制宜，因材施教，保持課程實施的靈活與彈性，更可就時空變化來調整。

如果政府焦點全放在學科學習上，會教育出很多高不成，低不就的學生，學非所用會產生就業人力不足，投資環境不佳，導致產業外移等問題，因此重新審視並檢討國民教育適性施行的有效策略成為國力提升的重要課題。

對於國中適性技職師資的引入，初期因為師資養成不易，最直接的方式就是從高職端引進，再則是現場國中小老師透過在職進修，研習適性教育概念，培養教師第二專長，藉此幫助孩子學習試探；至於未來國中適性教育的實施，為能有效執行，必須進用技職專長的教師，這可向高中職端來借將，技職老師在校際之間的流動，必須有完善規畫因應。如是，綜合高中將向下延伸到所謂的綜合國中，國小畢業後就做適性分流，依孩子需要，就近入學，這才是國民教育的眞義。

修改不合時宜法令，建構適性學習環境

法令鬆綁其實不難，教育部應部分授權給各縣市政府，但如今教育部授權不足，各學習領域之課程節數又缺乏彈性，而社會變遷快速，日趨複雜，所有社會現象與議題要全數納入國中小的課程中是不可能做到的。教育雖是神聖的，但絕非萬能，國民義務教育應該回應社會變遷，讓孩子了解社會現象，但課程卻不能無止境的加深加廣，因為不是每個孩子未來都適合發展成為科學家、藝術家、運動家。教育是在教人的工作，不僅只是教書教知識，而是教人如何成爲好的人，成就一個好的人即是教給孩子欠缺的，教給孩子需要的，如此才能讓孩子成爲全人，讓每一個孩子皆有成就。

然而現行教育內容趨於規範與限縮，每個孩子學習菜單都一樣，適合學習胃口的孩子就發展不錯，胃口不合的孩子就選擇逃離，不僅浪費時間，更是剝奪孩子學習成

長的權益。義務教育本來該滿足不同的學習權益，現在看起來有些孩子反而是被剝奪、限縮成長機會，對孩子個人不公平，對國家也是傷害。

其實嘉義縣有如此的規畫想法，是想凸顯偏鄉教育之限制與困境讓教育部了解、因應及檢視過去教育政策。如果法令不合時宜，該修就要修。人是活的，法令是死的、是人訂的，只要是對孩子好，再怎麼辛苦，都應該去克服。

能夠找到自己喜歡做的事情，是每個人所樂見，為什麼政府不來協助呢？現在的教育方向，為何讓大家都注重學科呢？因為入學考試只考學科，當然家長、老師和學生會去特別重視學科，包括國家考試、就業考試還是離不開學科，這使得具有其他才能的人，恐怕很難在學科考試中脫穎而出，受到重用。所謂的行行出狀元，大概很難在目前的臺灣社會實現了。除非智育成績好，若是其他方面表現優異，要出狀元大概只能靠運氣了！很難很難！

將在校所學轉化成為生活能力，學有所用的東西才會珍惜！現在求學的孩子，三個人當中最多只有一個是真正樂在學習，其他兩個可說是在陪讀，如此，所謂的教育機會均等，根本就是呼呼口號而已，我們在地方服務感觸特別深，這跟專家學者做研究不一樣。現今的教育體制是否適合當今的臺灣社會，還有待商榷，大家應該理性的面對，多了解基層的想法。

當初政府如能有推動十二年國教的那種投資氣魄，從民國一百年開始實行，現在應該可看到很多成果。投資在十二年國教上的預算每年達三五〇億，這其中，免學費的部分就超過一六〇億，免學費政策和教育品質的提升、孩子的適性發展完全無關，是偏向於社會福利，是給家長一種鼓勵的作用，當然這筆金額已無法收回了。其他還有優質化、均質化、適性輔導及教育會考等等，一年花了那麼多錢，到目前為止，實在看不到有任何具體效果，仍舊回到注重學科能力的表面成績。「窮不能窮教育」也不是這樣的花法，應該從國中教育的師資課程去檢討，隨時決定做都來得及，不要一錯再錯，繼續盲目的花錢。

《今周刊》曾經針對臺灣「消失的技職生」做一系列報導，其中舉德國為例，指出「德國技職系統培育出來的人才，可能沒有重視很高的學歷，但是一定強調紮實的能力，讓能力做適度的發揮！」反觀臺灣教育標榜的是大學數目有多少，每年產出了多少大學以上畢業生，在人人都是大學生的情況下，企業界卻感嘆，現今大學畢業生不如三十年前的高職畢業生好用，產生學歷貶值的現象，連帶造成大學畢業生薪水只有22K的窘境！

政府應正視人力誤置、教育投資浪費的現象！現今教育無法培育各行各業所需的人才，反而創造出許多學非所用的現象，政府非但沒有去預防，反倒是去扶植這現象，雖然也希望做出改善，但提出的政策卻像一堆無效的藥方，已經盲目失去方向。再者，對於地方的建議也聽而不聞，中央單位只想把目前的事情解決，但是頭痛醫頭，腳痛醫腳，並無誠心要找到根本的問題，這是非常不負責任的態度，就是公務員「吃頭路」的心態！所謂公務員心態，就是凡事只知依法行政，卻不知所依的法是否合乎時宜，如果不合時宜的就要建議修改！法令不改，動輒以法令規定如何如何來搪塞，這絕不是我們期待的改革。

事實上，教育的主體是學生，法令的改變，如果是對學生好的，就要盡速修改。我們應該去檢視現行法令規章「是否有符合現代孩子學習上的需要？發展上的需求？」而不是去檢討「地方政府對學生好的改變」是否符合現行法律上的規定！孩子的性向、能力各有不同，也很難改變，但是法令卻是可以修改的！

給十二年國教的良心建言

「花大錢、忙翻天、徒勞無功、回到原點」是我在第一次會考結束後，在縣府主管會報中回應縣長有關十二年國教議題的十四字箴言。

十二年國教是歷次教育改革花費最大的，也擁有理想的規畫理念，在歷經四次的教育會考後，雖然反對的聲浪愈來愈小，但卻不見具體成效。其實學生和家長並不是因肯定十二年國教政策而接受，是不得不接受啊！

免試、免學費、適性輔導、均優質化、就近入學都是十二年國教的核心目標，實施至今究竟做到了幾項，大家心知肚明。我認為要達標，其實很簡單且毋須花大錢，只可惜免學費政策已無法回收。

要做到免試入學只需要取消國中教育會考，自然就達到免試，同時也省掉超額比序繁雜的行政作業。但為保障菁英教育可保留少額特色招生，入學方式則可採申請登記，若有超額則公開抽籤，如此一來，明星學校當走入歷史，學生自然就回歸到社區高中職。再者，學校的均優質化並不是光靠經費的挹注即可提升，只要學生能優質，學校自然優質，教師也才能盡情去發揮專業成為優質老師。而且每個孩子的性向並不相同，要達到就近入學的理想，就必須先有配套規畫，將所有高中職都轉成綜合性質才能完全的實現。

減輕升學考試壓力，取消入學考試是最直接有效的。國中的學生應回歸到國中三年教育的適性編班與正常教學，當每個孩子都能因適性找到自己的亮點，自然就能快樂的做有效學習，適性揚才，成就每一個孩子的理想自然是水到渠成。

今天我們謹以教育現場目擊者將實務上教育畸形亂象點出來，希望為臺灣教育提供未來改善的方向，名稱為「好嘉教，臺灣教育心希望」，主要是以教育人員的良心、善意的建議，以行政人員的立場，或是以一個家長的期待，提供給政府未來教育發展的參考，讓臺灣的教育能更務實！針對中央政府因為法令、人力無法做到的部分，可回歸地方制度法由地方政府因地制宜，然後中央支援經費，讓地方可以放手去做！這是一個方式，其實我們還是希望中央、地方同一步調，透過修法達成一致，就過去多年所累積的經驗，做全盤的檢視和調整。

政府的政策制度如果偏離人性，或僅是效法某一個國家的模式，就要把它全盤套在臺灣的教育上，這樣是錯誤且危險的！應跳脫個人的思維，具宏觀的視野，回歸到人的特性，以人為本！規章的制定離不開人性，臺灣有臺灣發展的方向，應該針對過去幾十年累積的諸多缺失所造成的亂象，予以導正，才不致於讓基礎教育飄搖不定。

現在的大學幾乎人人可入學，不適合讀書的都找來讀書，不適合教書的也找來教書，導致學生素質難以提升，失去對高等教育投資的意義！因此，教育投資應該花在刀口上，不能再盲目下去，停止並檢討「老揹少」的教育政策，否則到最後，培育出來的下一代將會愈來愈沒有競爭力，經濟能力薄弱，會使政府未來課不到稅收，國家將要何去何從？

如今臺灣的年輕人愈來愈感受到「工作辛苦而待遇微薄」，從某個角度來說，正是國家整體流失競爭力的警訊！數十年來，教育部基於教改理念訂下的政策，是否需要全面反思再做整體規畫呢？若政府投入大量的教育經費，換來的只是人才貧乏，國家競爭力低落；人民受教育的時間拉長，換來的卻是工作辛苦但薪水日趨微薄。凡此林林總總的問題，都需要我們嚴肅面對，積極尋找對策！臺灣的未來與希望，實有賴「適性揚才」的人才培育。

IV 校長是一輩子的志業

校長是希望的工程師，應尊重體制，自我充實努力，爭取好的辦學績效。對於部屬都應適才適所，使其充分發揮才學，並且盡全力發展學校特色。

校長不是當官，而是要做事

在其位就要謀其政，我想每位校長都應做好校長本身的工作，並常惦記著：凡是對孩子有益有幫助的，都是校長分內之務。

有人說：教育工作不但是一種公益事業，更是積功德的志業。所以，能有機會從事校長服務工作肯定是祖上有德，上輩子燒好香、做好事，命中安排的，怎能不好好珍惜呢？

每年各縣市都會辦理國中小校長的甄試作業，也都有超過錄取人數十倍以上的主任去報考，競爭激烈，其中也不乏已經落榜四、五次，屢敗屢戰的有心人。但也有屢戰屢敗，終究不得不認命而捨棄此途者。曾有人觀察很多現場的教育夥伴非常優秀，且其人格特質也非常適合當校長，但命運總是捉弄人，有的人始終考不上，也有人卻是對校長職位興致缺缺，不敢領教，裹足不前。可見立志想報考校長的人，應是與校長工作有緣，而考上又能順利遴選獲聘，即是與校長工作有份，這就是一般所講的「緣分」，有緣也得要有分，萬般皆是命，半點不由人。與校長工作無緣者，自是可惜與不捨，但有緣分居校長職務僅知盡情享受其榮耀，卻不思用心努力者，則是可恨！可惡！有辱天命，不知往後要如何去面對列祖列宗所積之德。

「天將降大任於斯人也，必先苦其心志，勞其筋骨，餓其體膚，空乏其身，行拂亂其所為，所以動心忍性，增益其所不能……。」這句話說明了：上天要委人以重任必先考核其能力、能量。但同樣的，委以重任後，也必會再考驗其表現是否敬業，發揮其應有之功能，否則，早晚還是會將成命收回，以免誤人誤國，那才是悔恨莫及，豈可不慎？

從事教育工作二十幾年來，深知有怎樣的校長就會有怎樣的學校及師生，看到學生的行為表現就可知道校長是否用心。《國民教育法》第九條規定：「國民小學及國民中學各置校長一人，綜理校務，應為專任，並採任期制，任期一任為四年……。」由此可知，校長並非由教師兼任，學校設置校長的目的乃為解決校園問題。直言之，如果校長無法及時處理及有效解決學校問題，那就失去其存在的價值，也就是所謂不能勝任校長工作的不適任校長。所以說，校長的存在價值就是要能解決校園問題。

其實學校是教育場所，提供教與學的環境，讓每個孩子能從不懂事到知書達禮，過程中必然會產生一些不可確定的困擾或問題，尤其在少子化的時代，父母親的教養觀念偏差，知生、知養卻不知教，過於溺愛終至形成媽寶；再加上現存教育法令過度保護學生，弄得現場教師綁手又綁腳，很難拿捏正確的管與教，只好選擇明哲保身。媒體單位沒事找事，好事不出門、壞事傳千里，或是人本基金會巧立名目的莫名介入等等令人難以領教的情事，校園不出現問題才奇怪！過去不可能發生的事情，今日的校園隨時隨處可見。

因此，要做一個勝任愉快又稱職的校長，在心態上必須要有正確觀點：「到學校不是去當校長的，而是要去做好校長的工作。」過去威權時代，官僚之作風社會尚可接受，只要「校長」兩個字就可以順利無礙的處理校內外的大小事情，德高望眾，人人尊敬，在校內說一不二，在校外則是四海歸心，校長就是校長，沒有任何的折扣。但物換星移，處在高度民粹世代裡，若還存在當校長的層面，而不用心做事，那就只有等待被淘汰的命運。

在大型學校服務要注重制度的建立與維護，因爲人多需要借重制度管理；在小型學校服務，因爲人少所以就要去營造溫馨的組織氣氛與相互合作關係。要做一個現代化的校長，就要時存校長的工作是什麼？什麼是校長的工作？我想這沒有固定範圍和內容，簡單的說，凡是對孩子有幫助的都是，而且每一所學校因生態的不同，其校長的工作內容及問題解決方式也會因之不同。在這所學校，能把校務處理得當，人人誇讚，但遴選至下一所學校時，如果心態不隨之調整，可能就沒那麼輕鬆愉快了。因為每所學校的老師、學生、家長、社區人士、學校規模、資源都不一樣，問題當然也不一樣。同樣的功夫、力道，恐怕不是校校皆適宜，搞不好弄個人仰馬翻、鼻青臉腫，終至飲恨而提早退休。

我們到學校不僅是做校長，而且是要做一個好校長。當每天碰到老師、家長或學生向我們招呼或問候一聲「校長好」的時候，都要能坦蕩蕩的回應一聲「好」，而沒有絲毫的心虛或愧疚。那一聲「校長好」可能是盛讚，也可能是期勉我們要朝「好校長」去努力。負責任的校長是要時時能自省，處處能反思，來檢視是否有做好本身的工作。

不過理論歸理論，實務歸實務，在現場服務的校長如果以大分類來講，約可分為三大類型：一種是發現問題並能解決問題；一種是發現問題、反映問題但無法解決問題；另一種則是自我感覺良好，不知問題之所在，不把問題當問題，反而製造更多問題。當然家長們都期盼所有校長都屬於第一類型。

社區民眾也都希望學區能有一位理想的校長來帶領學校，現行的校長遴選制度，就是一改過去派任制度，由縣市政府籌組遴選委員會，依據每位參加遴選校長的辦學績效表現、個人連任或轉任意願及其他實際情況，來決定其應否獲聘，所以校長遴選是為學校尋找一位理想的校長，而不是為校長尋找理想的學校。想要成為一個人人心目中的好校長，就應尊重體制，自我充實努力，爭取好的辦學績效。

好校長的特質與素養

嘉義縣國小一半以上都是六班以下的偏鄉小校，這種小校原本文化刺激就比較偏弱，需要政府更多的關心與照顧。而我們都很期盼培養出的校長是屬於主動積極型或自律型，因為主動積極型的校長會認真負責的推動校務；自律型校長會建立「形象領導」，營造良好的信任感。如果學校能有這樣的校長，相信校務會慢慢提升，學生學習會慢慢改變，這是對於在偏鄉學校服務之教育同仁的期許。當然要做個好校長須養成有好的特質及辦學理念，在未成爲正式校長前，平時都要能主動與現任校長及團隊共同處理校務，累積能量，且能配合並提供建議，一同推動校務的實際行動。

其次，具備有「教育愛及專業度」的理念，能將學生視如己出、因材施教及適性教學；並能建構優質的教學團隊，規畫有效的教學策略。而整體校務分配與人力資源運用也都需要校長的整合能力與執行能力，過程當中溝通能力之技巧及耐性是不可或缺的。校長所表現的學識經驗將決定受歡迎的程度，因此校長具有專業的學識及以身作則令人心悅誠服的領導力，才能建立專業的領導形象。

校長要有教育主導性來引導民意代表及媒體朋友，盡量報導學校正向訊息，且平時要建立公開、信任、友善的機制，相信當學校有狀況時，只要面對問題據實以報，更備有「行之文字」掌握狀況的新聞稿，採臨危不亂的呈現，一定能化危機為轉機！隨時清楚掌握教育法令，諸如總務經驗、採購、權益、校務法令、偶發事件、法定作為等。因為校園已經無所謂「官大學問大」的現象，須隨時充實法令並依法行政，如此才可給全校師生信任感及安全感，也才能自如的對校務運籌帷幄。講該講的話，做該做的事，不管他人之毀譽，因為立場、經驗不同，所以並不是每一個人的看法都是相同的，只要對孩子有利的就要全力以赴。

多聽、多聞、多學習

校長不是「徒具虛名」而已，若能用心做好每一任期的校務工作，其影響力是非常大的；而校長本身的認知與心態是影響校務最重要因素，若心態上存有積極與消極的落差，其辦學績效就會呈現不一樣的樣貌。因此我們才推出兩個月辦理一次的校長成長工作坊，就是希望提供成功辦學經驗的傳承與積極成長的平臺；校長角色也需要提升專業水平，透過學習機制而產生成功的效應；況且校園問題就像病毒一樣，不斷在翻新，過去不曾發生的狀況，現在是都可能發生。應多聽、多聞、多學習，以提升校長處理事情的經驗。請記得：全校師生都在「看」校長，「感覺」校長存在的意義！因此校長的工作需要明確了解並確實執行。

建立行政制度與規畫教學活動

學校的校園規畫、行政制度、教學安

排、發展特色等等，都需要校長運籌帷幄。有好的行政措施，才能支援導引老師進行有效率的教學工作，當制度有所落差或偏頗時，校長應召集相關行政人員及教師代表，滾動修正並隨時輔導，使校務得以正常運作與發展。

管理人力、物力、財力等資源

對於行政團隊、教學團隊與學校所有財務資源等，都是校長需要透過領導的魅力與管理的機制，才能帶領優質的團隊共同推動校務。如此，不僅能運作順暢，校務也會蒸蒸日上。因此，一個有經驗的校長，對於部屬都應能適才適所，充分發揮其才學。

積極溝通協調各事務

校長的做人處事與應對進退能力等，均要圓融、圓滿與和諧。一個優質的校長首先會尊重同理他人，處事態度積極親切，溝通協調婉轉穩健，溫和堅持教育理念，如此就堪為全校師生的典範楷模。當遇到困境時能臨危不亂，能將學校大事化小事，小事化無，進而使學校穩健的成長。

經營社區資源及公共關係

校長與社區、家長、民代及媒體記者應建立良好的公共關係，有好的互動關係就會轉化為資源。學校為社區的精神堡壘，應與社區積極互動，進而善用社區資源，這是學校成長的重要關鍵。在媒體多元發展的今日，若能將學校努力辦學的具體成果，利用學校辦理相關活動的機會，邀請媒體參與並廣為宣傳，不但可增強學校的辦學成效，還能使老師們增加榮譽心及責任感，也更能樂在工作。並多爭取承辦活動機會，活絡團隊筋骨，累積默契及經驗。

推動教學領導與課程領導工作

校長要熟稔知悉學校的課程發展方向與教學創新作為，協助教師教學能力與專業素養，增進教師的有效教學；校長更要能隨時掌握教學的發展趨勢及社會上新興的重要議題，帶領同仁共同規畫校本願景與課程目標。此外，校長應公開支持鼓勵行動研究團隊或學習社群等團隊，帶領團隊積極學習與成長，提升教師的專業表現。

形塑優質在地學習文化

校長對於校園文化與學生的基本能力，應該先做 SWOTS 分析，了解在地的需求、教師的專長、社區的發展與社會的脈動等，規畫多元活動與社團，配合課程教學，進而激發學生的潛能，形塑優質的校園文化。

校園文化是一所優質學校應該有的基本內涵，不管是老師的教學或學生的基本活動，應該都以建立優質的校園文化為主軸，希望鼓勵學生多多參與，教師積極配合，進而帶動良好的學習氛圍，建立優質的學習風氣。

推動學校特色課程

發展學校特色是非常重要的校務。每校均有不同的發展亮點，可以依據學校所在之位置，如山、海、平原等，有其不同的發展屬性，也可從知識學科、藝能學科、體育學科等，研發出適合學校發展的重心。另外，也應積極營造本縣的教育施政主軸，在「品格力」、「認同力」、「英語力」、「健康力」及「親水力」的核心價值下，營造及延續各校發展特色，使社區跟學校相輔相成，增加學校的辦學績效。

規畫校園軟硬體建設及環境綠美化

校長對於校園環境要永續性並積極的推動，讓教學環境富有教育性、整體性、實用性與美觀性。另外，對於軟硬體設備、教學設備與周遭的配置等都要作完善規畫，希望藉由良好的行政規畫讓校務能有正向的發展。再者，學校是社區家長與師生共同活動的場所，若設施充實完善，除了可增加學校的對外活動力外，更可提升全體師生與社區家長對學校的認同感與凝聚力。

校長是學校的主要靈魂人物，也是教育的領航員。因此，校長辦學的專業及品質，深深的影響一個學校的績效與成敗，我經常在各種會議中提醒校長：校長是要在學校做「校長的工作」，而不是擁有校長這個職稱頭銜而已，因為工作就是價值，這是一個永不磨滅的真理，希望每一位校長都應該有這樣的體認與行動力。

提升危機處理能力

學校無論大小，只要有學生及教職員工，就有發生衝突或事故的機率，因為不可能永遠高掛「免事牌」，有問題不去面對處理，將永遠是問題。校長應積極且有作為的在經驗理性及專業認知下進行處理，務求圓滿解決，如何化危機為轉機，讓大事化為小事或無事，這是一位校長應有的態度。

嘉義縣山海狀況不同，每每看到一個事件在欠缺經驗的校長處理下，不但沒有大事化小，反而小事化大，甚至變成全國版面的大新聞，讓原本有轉圜餘地的事件走向法律途徑，這是非常不樂見的。為避免此類狀況，我們一直努力提升校長的領導知能，以提升處理危機的經驗。例如：去年九月的梅姬颱風，本縣於前晚發布上半天班的消息，有關是否提供午餐？這是校長根據判斷後可明確直接做決定的，為何還需問縣政府呢？因為嘉義縣山海地形迥異，風勢雨勢災情的影響也會不同，需要因地制宜評估後做決定，再行通報縣府，另行安排補課即可。

校長要學會如何做正確的決定，也要不斷的進修，讓自己學會做明確、迅速及有效的判斷。倘若家長對決定有不同意見時，可以先表達歉意後，再伺機教育他們成為支持的力量。這就是校長如何應用轉化題材（地震或颱風）來教育家長防颱等天災發生時之應變能力。總之，校長要認知所處的環境再加以應變處置就對了！

當然也看過幾位經驗豐富、才思敏捷的校長，他們遇到事情能臨危不亂，終能處理好事情，使學校轉危為安。因此，校長的危機處理能力是需靠經驗累積及積極應變態度作為基石。

尊重遴選制度

不同的校長處在不同的生態，就會產生不同的心態，因此，校長的遴選制度尤顯重要。早期的校長異動，在民國八十八年前係採行官派方式，依智、仁、勇學校型態派任，且會隨機關首長之好惡而作調動，是屬於比較官僚方式任用；然因《國民教育法》的修訂，各縣市已配合訂定遴選方式：其機制是成立遴選組織小組，若校長的任期已滿，或符合參加遴選條件，就可參加校長遴選，若校長任期屆滿，無參加遴選或未獲遴聘則以回任教師方式處理。

在遴選前，校長須先參加辦學績效評鑑，這是可以看出校長對於校務著墨程度的評鑑制度！良好的制度必須持續落實，否則會讓校長失去信心且回到過去時代以經營社會關係為重，此為循法制面而建立的威信，期勉大家要支持遴選制度，接受與認同在哪裡服務都好。若校長心存僥倖及投機的心態，又如何成為師生的表率呢？因此，須導正校長回歸在校長的工作才是！

遴選制度是幫學校尋找理想的好校長，不是爲校長尋找理想的學校。藉由遴選制度、參酌校長的意願，再加以溝通觀念及學校特色發展規畫及延續等等程序，以協助順利參加遴選。相信透過層層把關所遴選出來的校長，在經營學校一定會有好的改變。未來的辦學績效評鑑也考慮將隨統合視導研擬「議題式」方式，讓校長可表現校務運作，如此可避免「校長無參與」之現象。因「議題式」是結構式的呈現，且與中央政策作結合，比較合乎公平原則。相信每位校長都很優秀，但校務是需要經營的，希望朝向校務穩定、系統且有計畫的辦學，並能建立學校發展特色的文化，最後透過遴選機制來傳承學校文化。

率先自我學習與成長

面對知識的快速翻新，未來的校長必須重視學習，定期與所有教職同仁進行理念溝通、重點教育政策及工作宣導，既可伺機行銷自己，又可增進彼此間之了解，並能率先自我學習，帶領老師們成長，且提醒自己避免因忙碌而忽略反思自省，適時調整推動教育的步伐，並以緩和調適來化解衝突或緊張氣氛，循序漸進地帶領老師進行有意義的團隊學習。

對於學校階段性的發展，要能掌握方向，用心營造一個開放對話的環境，使全體同仁在獲得尊重與鼓勵學習的教學情境裡，專業成長，合作學習。且了解學校裡的非正式組織，針對職務需要可做定期輪調，建立良好的制度，儘可能讓每位老師及行政人員有發揮能力的舞臺空間，使全體組織成員在一個祥和愉悅的氣氛中，追求發展精進，充實自我，虛心求教，廣結人脈，勇於任事，充分授權，知人善任，不求不取，淡泊名利，方能培養出優秀的下一代。

校長是希望工程師

有好的處長未必能有好的學生，但有好的校長才會產生好老師及好學生。教育是生命影響生命的過程，校長更是希望的工程師，希望每個校長都能體認「嘉義囝仔不認輸，嘉教翻轉真功夫」的精神。

我常說：「每個孩子都是經過我們精雕細琢的藝術品，他的價值，就決定在我們的努力與付出。」與教師共勉，除了對教育付出的師長們表達感謝之外，也期許嘉義縣的教育雖然無法像都會區「用錢去創造美」，但我們擁有的是「自然就是美」，感謝老師給予孩子們滿滿愛的呵護，陪伴每位孩子在「田園城市」中健康快樂的學習與成長！

每位校長都應以真誠的態度對待每位同仁，更以關懷呵護的方式照顧每位學生，並以積極負責的精神做好每件事，這是本分，也是職責，願本縣每位校長均能省思並做到！

我 的 作

第三部

嘉教實踐

I 首推亮點政策——「五星田園，嘉教五讚」

因懷抱不一樣的田園教育夢，我們首推亮點政策——「五星田園，嘉教五讚」，期許讓每個孩子終身受用。孩子才是教育的主體，我們重視美感教育與品格教育，期待開啟孩子的美麗人生。

嘉義縣是個擁有好山好水與豐富情感的好地方，張縣長在二〇〇九年提出「田園城市」新觀念，以「城在田中，園在城中」的概念，推動「生活、生產、生態」三生有幸的縣政發展。有鑑於嘉義縣特殊的海洋水域生態及孩子對水畏懼等現象，選定「品格力」、「認同力」、「英語力」、「健康力」及「親水力」等五種基本能力為五讚能力，作為孩子基本能力培養，這同時也是考量中央政策、地方願景、學校教育目標等多面向的整合。

不一樣的田園教育夢

當初因緣際會來到嘉義縣服務，發覺人事制度尚未完善，所以設定第一年先努力將人事制度化，也希望同仁們相信制度。在人事制度化後，開始配合縣長推動「田園城市」的願景。

嘉義縣是個地形多元的農業縣，有特偏和偏遠的山、海區，也有人口較多的城鄉區；人口呈現老化、外流和少子化的現象；縣內學校的規模、人數、師資落差很大，教育現場如同地形般「多元複雜，差異性高」，教育人員的心態、想法也參差不齊。

此外，嘉義縣自有財源短缺，許多教育政策常侷限在「只有想法，沒有辦法」，政府對教育投資總是要依法規來執行，但是小班小校多，教育成本自然高。不過「沒錢也能做沒錢的工作」，讓現有的軟、硬體設備與師資充分發揮其功能，即使我們吃得不好，穿得不好，但教育現場的感受、氛圍、熱情、士氣是不需要花錢，也可以靠用心達到的。

於是，我積極思考，找出共同的點和共同努力的方向，最重要的是激勵教育現場老師的熱情，只要「費心思」，不用「花大錢」；也不找理由搪塞，別人能做，我也能做。學科要每位學生都達到一百分，每個都第一名，那是不可能；但孩子基本能力的養成，只要老師用心，孩子努力，絕對可以達到。舉凡做人的道理，身體健康的照顧，生活能自理，一生不需要靠別人，這些對孩子才是最實用的。所以，我發心要來推動培養孩子的基本能力。

給機會、給能力，提升競爭力

孩子未來具備的基本能力應是多元的，嘉義縣推出的五讚能力其實是中央政策、地方願景、學校教育目標等多面向的整合。所謂中央政策包含了多項的教育相關法令和計畫，例如：教育部「終身學習三三一計畫」、「游泳能力一二一計畫」、「品德教育促進方案」、《學校衛生法》等等。

至於田園城市的願景，由於縣長重視嘉義囝仔的品格、英語及嘉義縣自然生態，所以綜合縣長的這些想法，考量嘉義縣特殊的海洋水域生態及孩子對水畏懼的現象，因而選定「品格力」、「認同力」、「英語力」、「健康力」及「親水力」等五種基本能力為五讚能力。

當然，這其中也延續過去校園文化的核心價值：「熱誠」、「關懷」、「審美」、「健康」的基本精神。熱誠和審美具體展現在品格力；關懷是對在地文化、自然生態、風俗記憶的認識和理解，也就是認同力；健康則希望具體展現在孩子們的飲食習慣、作息習慣與運動習慣，讓孩子擁有健康的體位及良好的體適能，也就是廣義的健康力。

最重要也是創新的焦點是英語力與親水力。偏鄉地區的英語學習環境本就不佳，但英語卻是接軌國際的重要能力，也是未來地球村公民的基本素養，學習英語不僅能增進語文和表達能力，更能打開觀看世界的另一扇窗，所以英語力也列入五讚計畫中。

嘉義縣的水域太多，海岸線北為東石鰲鼓溼地，隔北港溪與雲林縣為界；南為好美里溼地，隔八掌溪與臺南市為界。轄內有朴子溪、荷包嶼、六腳大排、嘉南大圳等重要水道縱橫交錯。假期中，尤其是暑假期間，時有孩子因戲水而溺斃，造成無法彌補的遺憾。因此，親水力的推動對嘉義縣而言是刻不容緩，讓每個孩子都能親水、愛水、不怕水，具備游泳與自救能力，期望將溺水事件降到最低。

第一個教育亮點，開啓創新

在選定五種學生基本能力之後，政策命名是非常重要的。當初命名也是一種偶然的因緣，剛好張縣長榮獲《遠見》雜誌的五星級首長獎，因她力推田園城市，所以標題為「五星田園」，足以凸顯嘉義縣的地方特色與殊榮。

另外，「嘉教」代表嘉義縣的教育，「五」代表五種能力，當初也是我突發奇想，五的諧音在臺語聽起來像「有」，「五讚」聽起來就像「有夠讚」，意涵是嘉義的囝仔有五種好的能力，讓名稱能琅琅上口，印象深刻就容易推動。

政策形成的背景大約有一個月的時間，當時邀集教育處相關同仁及各專門領域的校長與輔導團團員共同商定。實施計畫擬定過程，首先聚焦在孩子的能力，希望以各種「力」為名，所以將當初的環境教育意涵定名「認同力」，游泳項目定為「親水力」，讓名稱更貼近孩子們的具體表現，也希望有美好願景的 slogan，才能引發基層教師的共鳴。

經與會成員共同商定，提出「田園教育夢，嘉義囝仔讚」的背景緣起，說明嘉義縣教育正在走一條「不同款」的教育路，以「五讚能力齊步走，幸福未來我擁有」具體點出五讚能力的發展願景。本計畫同時也列入縣長年度施政的重要承諾事項，正式成為嘉義縣的本位課程。

在計畫草案初步擬定後，同時召開四區校長的說明會，希望能落實到基層老師。此時也積極推出五讚能力的「識別標章」，以鮮明活潑的圖案，表達出孩子能力的呈現；以樹葉幼苗的意象串聯成一棵大樹，表徵五種能力的總體發展。

嘉教五讚剛推動時，我們也深怕淪為只是喊口號，所以一直強調從平日養成，年終檢測，通過給認證標章，來具體量化刺激成長，避免最後流於形式。就是這樣，透過不放棄，有毅力來推動。我們也相信只要有一位老師願意努力，一些學生能夠受惠，都值得來推動。

把在地當作教育場域

「嘉教五讚」是培養孩子基本生活能力的教育基礎工程，當初懷抱著一種「田園教育夢」，希望「嘉義囝仔讚」，期許嘉義縣邁向一條「不同款」的教育路。在地的山林、田園、海濱這些大地特色，都是我們孩子的幸福泉源。這塊土地所形成的生態、人文、健康與幸福，都成為孕育嘉義囝仔獨特能力與氣質的重要養分。所以，把嘉義人獨特的五星田園特色當作教育場域，希望培育擁有「家己人」、「嘉義囝仔」特質的嘉義好孩子。

嘉義縣雖然是偏鄉，但是南部庄腳人都有一種「認真、骨力、樸實、條直、有情有義」的特別氣質，這是股人見人愛的魅力。就像嘉義縣包山包海的田園城市，美在自然天成，是沒有妝點的素顏，反映出嘉義囝仔樸實純真的底蘊。嘉教五讚就是希望這種田園特有的生活、生產及生態所孕育的孩子，能形塑出自我原有的特色，也就是人人口中的「嘉己人」。

好嘉教小故事

好嘉教夢田——嘉寶果園訪園丁

一日午後，編者群來到臺南市北門，映入眼簾盡是波光粼粼的魚塭，鮮有綠蔭，倒是有鹹苦海風盡情吹拂，替我們整髮按摩。

抵達王建龍處長自宅，喜見宅後三、四十坪空地裡，有著葉冠飽滿的芙蓉木、果實累累的樹葡萄、人高殊異的七里香等植栽，而王處長正俯身屈膝，揮汗澆水，盡情撫視每株樹頭，臉上盡是滿足的笑意。

我們開門見山連番直問：「處長，這裡可是鹽地，不好種吧？您怎麼照顧這些植栽？您全身汗流浹背，每天這樣做不累嗎？」

只見處長袖手揮汗，緩緩說著：「歡迎來到嘉寶果園，這就是我構思好嘉教的夢想源地。每次回家或出門前，不管多累，一定來到這裡，先澆水扶枝剪葉，再摸摸每棵植栽的樹頭，細細觀賞每棵樹頭的堅韌生命與獨特枝態。在這裡，很多都是人家不要的樹頭，才來到我這裡。」

王處長娓娓道出，在鹽地貧土上種花賞木，猶如「偏鄉孩子不認輸，在地翻轉靠功夫」。因為教育人就是園丁，我們要相信：天生我材〈才〉必有用，每天有澆無累〈有教無類〉，加上適性的量身培育，有溫度的關懷澆灌，就算別人放棄的才〈偏鄉小孩〉到我們手上也能開花結果，傲立大地，擁有自己一片天。

原來，在沒有花團錦簇的嘉寶果園中，有的更多是王處長用心澆灌的教育夢想：「嘉寶果園，每天就是把嘉義人當寶，用心澆灌，不求回報。」

五讚能力環環相扣

「品格力」是回應張縣長對嘉義囝仔特質的期許，達到縣長所希望的「對人感恩、對事負責、對物珍惜、對己自信」的好品格。希望日常生活中能隨時進行自我省思，分享心情故事，每週撰寫自省札記，養成自勵自省的習慣，體現良善德行的精神，豐富孩子的自我生命。

「認同力」希望孩子能具備走讀家鄉，遊學鄉土的能力。透過實地探索、體驗，培育具備愛鄉、愛土的人文素養，建立在地認同及榮譽感。在畢業前能夠由近而遠，從村里、鄉鎮到全縣。透過遊學、走讀、踏察的方式，學習嘉義縣境內的特色人文、自然生態與鄉土農特這些教學點，深入認識在地家鄉，培養熱愛鄉土的認同感。

「英語力」是偏鄉嘉義較弱的一環，所以更應積極推動。顧慮到山、海學校的差異性，所以授權學校，依據自身規模大小不同，因地制宜訂定英語校本目標，讓每位國小三年級以上的孩子，能通過學校自訂的英語分段目標，包括「聽、說、讀、寫及綜合應用」的能力指標，建立使用英語溝通的自信心，朝著與國際接軌的目標前進。

「健康力」培養孩子具備健康自主管理能力，養成均衡飲食、規律運動、定時作息的好習慣，達到身心健康發展。具體鼓勵孩子自我監控身體狀況，培養固定運動習慣，維持健康的體態，達成適中的健康體位，所謂「體能好、體格讚，人人都稱讚」。國中畢業生更需具備 CPR 與哈姆立克急救能力。

「親水力」推動親水游泳與自救能力教學，培養安全親水的認知、能力與態度，以期孩子能知水、親水與愛水。國小畢業生可自由換氣游完十五公尺，國中畢業生以二十五公尺為合格標準。

生活中發展，學期末檢覈，畢業前認證

嘉教五讚不是一般的政策口號，是透過檢覈認證，來激勵學校自我績效管理，培養榮譽感。採取「生活中發展」、「學期末檢覈」、「畢業前認證」的方式，具體實施。對孩子而言是引導孩子自我激勵，實際行動並培養能力；對老師而言是讓教師同儕良性競爭，你能我也能，激發熱情並盡心對孩子培力；對學校而言則是教育績效具體量化，校際比較，相互提升。

五種基本能力的養成，各校可以採取融入教學或外加方式實施，在孩子的日常生活中逐步養成，學期末進行檢覈，統計各校的實施狀況。自一〇二學年度起，協助孩子於畢業前達

成指標的認證，並視各項檢覈結果於畢業證書背面加註通過認證的榮譽標章。

各校可就現有資源實施，亦可採策略聯盟方式辦理，目的不是應付縣府的績效評量，而是要習慣成自然，內化成孩子真正的能力，透過「學校本位」的檢覈認證，落實「孩子本位」的能力發展。

畢業證書的認證，也是一項創舉。我常說「每個人的畢業證書雖然一樣大張，但其重量卻不盡相同」。雖然國小六年的課程相同，但每個人的學習及努力過程並不盡相同；畢業證書雖然同樣大小，但是透過認證結果，凸顯這六年你的學習過程是與他人有別的，同時藉此檢視和調整未來需再努力加強的能力。以積極正向的精神來表揚孩子的能力發展，一個能力認證就是一種肯定。

孩子才是教育的主體

教育最大的希望是下一代能比我們更好，同時也讓老年後的我們生活更加安定。能成為教育人員是上輩子積善德，這一世才有機會來扮演這個角色。

本計畫實施數年下來，更加確認當初的構想和實施的決心是正確的。只是過程相當辛苦，當初也有家長對此產生質疑，教育同仁認為是加重負擔。所以，推動過程是一面實施，一面修正，希望不僅能改變孩子、改變老師、改變校長，也能改變家長。

現在到校園訪視，會發現很多成果都來自嘉教五讚，不管是成果發表、作品展示、能力表演都可看出具體的成果，讓學校有共同努力的目標和方向。例如：我到任的第一年，畢業生游泳的通過率是百分之二十九，全國排名敬陪末座，主因是本縣水域太多，家長懼怕孩子溺水出事，再加上游泳池的設置太少，需要救生與清潔的費用龐大。但當我們力推嘉教五讚之後，令人感動的事陸續發生，偏遠山區學校都想辦法突破過去山區沒游泳池的限制，以策略聯盟的方式，在平時上課或寒暑假期間，帶學生到山下進行短期的策略遊學，一起學習，一起生活，並進行游泳課程，結果山區學校的檢測通過率竟達百分之百。

這代表有競爭、有比較就能激發出教育熱情，游泳通過率逐年從百分之五上升到百分之六十三，現在是百分之七十五。不僅破除家長「犯水關」的迷信，也讓孩子克服偷懶不下水的僥倖心態。

此外，令人感動的是這個政策在推動過程中，因為嘉義縣財政困難，又無相關預算可勻支，而品格力的「自省札記」印製需要一筆資金，因為是我提出的構想，所以當然要想辦法募款，籌措經費。當時拜訪許多企業，分享我的教育初衷、理念和願景，獲得大家的認同，都認為這是一件好事，願意想辦法來促成。

第一年結合「溫世仁文教基金會」的修品養德計畫，品格力自省札記剛好符合這樣的議題，於是全額出資印製。第二年則由「東元基金會」出資六萬元，不足額部分由南一書局贊助印製。第三、四年則是由縣府編列部分經費，不足額部分仍由南一書局協助印製。這些得來不易的資源，都是大家認同嘉義縣這種立意良善的教育政策。

十二年國教的基本精神就是讓每個孩子多元適性發展，國中小是基礎教育，習慣的養成在年紀愈小愈好，因為這些不能重來。五讚能力讓每個孩子終身受用，擁有它，一切才是真的。過程中老師用心，孩子肯學，每個孩子都可學得好。而且地方教育就是國民教育，也是基礎教育。基礎教育的最主要目的是「教人」，可以改變孩子的心，激發老師們的熱情。因此，教育政策的推動一定要有目標、方向，能夠聚焦，才能有成效。

五讚序曲之後的亮點政策

嘉教五讚確實已成為嘉義縣的亮點政策，也是各縣市感到興趣的教育課題。曾有新竹縣教育處科長在一次教育參訪過程中，主動提到對嘉義縣「嘉教五讚」感到興趣，希望能有機會深入了解和觀摩學習。

而我也多次在教育部長官下鄉考察或統合視導的場合，報告這項教育亮點，主要是因為我們能在經費欠缺的情況下，透過教育現場所有老師的積極參與，許多認同我們這樣熱心辦教育的善心人士，提供資源和經費，大家群策群力、休戚與共，才能開出如此漂亮的教育花朵，這樣的成果比任何花大錢，砸重金的教育政策，更加讓人感到驕傲。

五讚基本能力對孩子而言，其實就是打底的功夫，也是人文素養的核心，更是以後學習高深知識的基礎。推動這個政策就是希望每個嘉義囝仔都能具備良善品德，符應縣長所說的「對人感恩，對事負責，對物珍惜，對己自信」。嘉義在地的人文、生態、健康生命、親水共生都顯示一種身、心、靈最佳安適的教育價值。

從許多在外鄉打拚、事業有成，而且熱心回饋鄉里，積極貢獻教育的「嘉義人」身上更可以看出這種精神的具體展現。這些成功的企業家本身就是活教材，他們的成功不在高深知識、優異成績或崇高學位，反倒是骨力奮鬥、認同故鄉、熱心回饋的五讚精神。

雖然到嘉義縣服務是因緣際會，是偶然，但這段服務期間，期許自己不是來當處長，而是來做處長的工作，這一路走來，感謝許多深深支持教育的人。我常抱持著「人人為我才有我」，例如：縣長信任肯定我，議員支持我，學校校長挺我，這樣我才能放手實施，今後我要回報的是「我為人人才是人」，努力做好本身工作。

第一年實施人事制度化，為了凝聚同仁生命共同體的信念，率先聚焦在孩子本身能力，所以推出嘉教五讚。再配合中央政策，加入我對教育的經驗和感想，一邊實施，一邊修正。之後陸續推出學生的基本學力檢測，落實老師的家庭訪問功能；同時思考突破現有嘉義縣過多的小班、小校問題，學生人數太少的困境，推動異地遊學、共伴學校，甚至辦理與大專院校的專業合作策略聯盟。最近則順應《實驗三法》，推出在地翻轉的實驗教育。

教育事務雖然千頭萬緒，但上天不負苦心人，大家都是一個「修行者」，所謂「小修在山林，大修在自己」，感恩能在自己熱愛的教育現場盡心盡力。只要我們用心想做某些事，資源往往會水到渠成，這是因為大家的認同，政策感動老天、感動人。雖然身處偏鄉，卻希望在嘉義縣努力的經驗能漸漸推廣，成為改變臺灣的起點。

好嘉教小故事

謝謝處長爺爺，讓我們第一次能在海邊上課

處長爺爺您好：

我們是太平國小的小朋友，要謝謝您讓學校辦異地遊學校外教學，讓我們可以到布袋海邊的好美國小去上課。雖然有些同學暈車，不過我們一下車就覺得這個學校很漂亮，有藍色的天空、藍色的教室，不過海風很大，連空氣味道都是鹹鹹的，到處都有好多的魚塭，真的和我們山上的風景不一樣。

在這裡上課很好玩，好美的同學都很照顧我們，在上跳鼓陣時，他們認真教我怎麼跳腳步，怎麼打鼓，不過跑隊形真的有點難。在溼地的時候，我們看到很多小小的白點，可是一衝過去，牠們一下子就跑到溼地裡去了，後來好美國小的蔡同學抓了一隻告訴我們，牠們是清白招潮蟹，我們才認識牠們。還好有認真上課，後來的生態闖關我們才能過關。

來到這裡，我們看到竟然有四百年的媽祖神像喔，叫魍港媽祖，這是好美導覽員蔡同學教我們的。我覺得好美國小的同學很厲害，會許多我們不懂的知識。不過，學陶笛和烏克麗麗的時候，我們就不怕了，因為我們翁校長也有讓我們學這種樂器。還有喔，晚上的時候，我們沒有時間看太多夜景，因為老師要陪我們寫功課。

處長爺爺，請您幫我們謝謝好美國小的楊校長、老師和同學，他們在這五天照顧我們，讓我們學會很多和山上不同的知識。還要謝謝我們的翁校長和老師，從早到晚都陪我們上課、到處玩和寫功課。最後，一定要謝謝您，因為如果沒有您，這種異地遊學校外教學就辦不成了，希望下個禮拜我們辦的時候，您也能一起參加。別擔心！我們會教您的。

太平國小　小朋友　敬上

Ⅱ 教育應從心做起——扎根德育

生活和道德教育要從小教起，內化成孩子自動自發的美好公民的素養。

從「心」開始的教育本質

科學技術再怎樣進步，為人處事的道理是亙古不變的，所以，教育除了教學之外，最重要的，其實是教人，教人如何當好人。古人有云：「千教萬教，教人求真；千學萬學，學做真人。」意即如此。《國民教育法》第七條規定得很清楚：「國民小學及國民中學之課程，應以民族精神教育及國民生活教育為中心，學生身心健全發展為目標，並注重其連貫性。」因此，所有課程的改革與設計，都應回歸以民族精神教育及國民生活教育為中心，最終達到健全學生身心發展的目標，各領域及學年間之教學連結應更為緊密。這與過去強調的德、智、體、群、美五育的均衡發展，目標是一致的。

然而，隨著大環境的改變，檢視現在的教育走向與父母的教養觀念，多數父母所關注的仍偏向於學科能力的獲取和增進，所培養的孩子變成很會考試卻不懂事，甚至不會做事，進而造成行為上諸多的偏差，最後衍生出層出不窮的社會問題，令人難以置信，更難以接受。這些亂象和脫序行為，包含缺乏公德心、飆車、吸毒、暴力衝突、酒駕及食安等，其產生的真正原因雖無定論，但跟過去的教育未能落實生活教育、道德教育及品格教育，未能把人教好，應有高度的關聯性。

面對世代的遽變衝擊，社會問題的層出不窮，身為教育工作者是否該思考國民教育的本質是什麼？教育的未來該何去何從？因此，我提出「教育應從心做起——扎根德育」的想法，希望彌補現行課程規畫與設計的不足和教育政策執行之偏差，並藉此培養學子們未來競爭致勝的關鍵能力和品格力，讓國民教育得以均衡發展，從「心」開始。

從自身做起的生活與道德教育

很多人有到國外參訪、旅行的經驗，多數人都有種感想，那就是外國的街道特別清潔乾淨、舒適，交通秩序順暢良好。但回到臺灣看到我們的環境，相形之下，會產生想要去改變的衝動。然而看歸看，做歸做，還是無法複製別人美好的經驗。其實，日本街道之所以清潔，新加坡的交通秩序之所以良好，並非他們的清潔隊員專業、認真，或他們的交通警察執法厲害，規定嚴格。分析日本與新加坡的例子，他們能夠做得這麼好，是因為當地的學校規畫了實體生活教育課程，每位國民從自身做起，不亂丟垃圾、不違規，也就是說是他們的教育已養成每個國民本身就是清潔工、交通警察，才能造就如此絕佳的環境。

反觀臺灣，我們總認為環境有清潔隊員在處理，這是他們的工作，所以一般市民可以不用在乎，這就是生活教育與道德教育與外國的差異性。

被排擠在課程外的生活與品德教育

從現行國中小的課程安排，還真找不出有多少課程是符合《國民教育法》第七條規定的！無怪乎很難培養出有生活歷練，懂得人情世故的孩子。更別奢談能看到有人勇敢的唱國歌，向國旗致敬，表現國家認同感。相信大家都深切感受得到，現今社會到處缺乏良心道德，這是否與課程安排不按規定配置有關？值得大家冷靜省思。

課程的內容設計及安排是否妥當，猶如學校午餐每天菜色相同，長久食用自然影響孩子的健康與體質。窮雖不能窮教育，但方向不對就等於是浪費。在盲目追求教學翻轉的同時，是否也應把心思放在不當的課程設計予以調整，才是正確之路。

生活教育與品德教育從國小開始養成，效果最佳。回頭檢視國中小課程的安排設計，現在幾乎看不到公民素養的課程內涵，生活教育已不在正式課程中呈現。過去公民與道德時間幾乎每天都有，甚至設有晨間檢查，讓學生注意端正自己的儀容與整潔。如今這些幾乎消失無蹤，似乎已背離《國民教育法》第七條的規定：「國民中小學之課程應以民族精神教育及國民生活教育為中心」。

反觀現在的課程，學科內容與教學進度規畫得詳細又緊湊，若想讓學生有時間去從事生活教育、勞動教育，增進生活體驗，培養公民素養，實際上是很難做到的。若要勉強安排，大概只能利用所謂融入課程的方式進行，可是這種方式在教學現場實施起來卻窒礙難行，效果有限。

總而言之，是因為目前的課程安排太過緊湊，老師每天趕進度，應付考試，忙得已喘不過氣來，想要讓學生做其他的學習，老師再撥時間指導，真是緣木求魚，難上加難！

未來國民素質要提升必須從基本課程規畫來做調整，這是無庸置疑且刻不容緩。因為生活教育、道德教育和品格教育，都是教育的根本，亦是做人的基礎。如果能從這些生活細節上去努力，就能形塑出有國民素養的好國民，如此學科成績好才有其意義。過去，我們推動愛清潔、守秩序、有禮貌，這些在國小階段是很重要的，就算學科成績不佳，還是具有相當的競爭力。

然而現在的教育卻是：資訊教育重要，就加入課程裡；英語教學重要，也加入課程裡；科學教育重要，更要加在課程裡，可是每週課程總節數是固定的，如此一來勢必排擠到過去我們很重視的基本生活教育。或許這樣培養出來的孩子可能專業學力很強，但人文素養這區塊就會看不見。現行國中小課程安排，明顯偏重學科，幾乎占據每週大半的課表。國家每年花在主要學科的補救教學經費更超過十五億，卻不見有體育、藝能科，甚至是道德教育之補救措施。

過度重視學科的結果，只會造成五育的不均衡，非但違背《國民教育法》第七條的規定，更剝奪孩子多元學習的機會與權利，又如何能培養出健全的國民？唯有適性揚才能成就每一個孩子！

現代社會普遍少子女化，父母親把所有資源都投注在孩子身上，重視學業成績，著重升學，認為萬般皆下品，唯有讀書高，卻忽略孩子應該學習未來如何與人相處，以及如何尊重他人。我想一來課程已經被排擠，二來家長對家庭教育的忽略，還有教育主管機關也沒有注意到已經背離《國民教育法》相關課程的核心規定，民族教育盡失，無怪乎現在孩子對國家意識觀念薄弱，也不敢大聲唱國歌，對國旗的尊敬也在慢慢消失中。

可見，整個課程結構上實在有必要做檢討與調整，有些課程安排的節數或內容並不需要那麼多，讓孩子有多出來的時間與空間去學習、去體驗人文素養，也讓老師更有自我發揮的空間。

培養五大核心能力

孩子的競爭力除了學科能力外，還應搭配人文素養，兩者合一才是眞正的競爭力，才能讓孩子展現魅力。如果孩子子空有學歷而無生活能力或實際能力，那表現與期望就有相當程度的落差。如何改善這種現象呢？這幾年來，嘉義縣持續推動「嘉教五讚」教育方案，以培養學童五大核心能力為主軸，將「品格力」、「認同力」、「英語力」、「健康力」及「親水力」作為嘉義囝仔的核心能力，經過學校的教學歷程與檢覈，讓國中小學生能於畢業前取得各項能力認證，達到「五讚能力齊步走，幸福未來我擁有」的願景。

其中品格力的養成著重在對人感恩，對事負責，對己自信，對物珍惜，並要有同理心，輔以認同力，對地方的了解與認識，對自己故鄉的熱愛與回饋，這些都相當重要。若無品格力，縱使你有專業能力也無法創造高度價值，只會成就自己，甚或不惜犧牲他人，如此，國家社會怎麼會進步？

老師爲品格教育的典範與樞紐

基礎教育的關鍵在師資及課程的設計。老師目前的教學大都根據專家、學者或中央的政策規畫來進行，所以，課程設計得當且合情合理。然而老師的用心引導才是最重要的。老師必需具有豐富的道德素養及生活歷練，以彌補現代學生生活經驗的不足。雖然道德教育與品格教育不容易引導，但重要的是老師本身必須成為學習的典範，以身作則，言行一致。由於老師的一舉一動隨時都呈現在孩子的眼中，自然而然會形成潛移默化的效果，對孩子的影響是巨大且深遠的。

另外，師資的養成也相當重要，當師資水準足夠了，再引導孩子道德觀念的建立，便能說得到，也能做得到。老師除了本身有這樣的本領與價值觀外，透過老師的身教，其影響力與效果是最大的。道德課程無法從考試與評量中知悉，必須從生活環境中耳濡目染，慢慢形塑出品格。所以，教師在品格力推動時所扮演的角色與教學方式，自然與學科教學的過程有所不同。

以前最容易得分的科目是「生活與倫理」或是「公民與道德」，知識對於學生而言，因為有標準答案，所以是非、對錯都可以界定得很清楚、明白，但是學生在行動上卻往往缺乏正確的判斷標準。何以如此？因為現在的孩子都聰明，他會揣摩如果大家都可不守法，為什麼我要守法呢？所以，如果教育僅是做表面功夫，說一套，做一套，那如何對孩子產生良好的影響呢？

除了老師以外，家庭教育也是重要的一環。若是老師與家長觀念上有落差，對學生的教養就會產生矛盾。然而在國小階段，不諱言，老師的影響力必定大於家長，常聽孩子小時候：「老師說……老師說……」因此，老師的話在孩子心裡是有一定的約束力與影響力，甚至終身會奉為圭臬。所以，國小師資品管的要求一定要很高，所謂「經師易得，人師難求」，就是這個道理。

老師指導孩子如何做人是教育重點，至於其他學科是可終身學習的，而且學科的知識也需透過行動的結合來印證。所以，為人處事風格好，學識又豐富，自然處處受歡迎；相對的，若是行為不佳，雖有滿腹學識，恐會對國家社會造成危害，這反而是負擔。因此，從生活教育、品德教育來扎根，再去養成高深學問，不管以後在民間公司任職或在公家機關服務，皆能造福人群。我想師資的培育過程中，品格素養，絕對要相對嚴格。

目前老師的進用與考核獎勵辦法，似乎無法達成去蕪存菁、汰弱扶強的目標，使得老師這份工作變成是良心事業，老師需要隨時省察自身的使命感與責任感，想要如何教好孩子，需要有相當的認知，並能主動去實踐。現行的考核機制對於用心者與不用心者，考核的結果幾乎都一樣，這樣的考核制度如何對得起用心認真的老師？又如何能有效激勵有熱誠與理念的老師呢？

升學主義掛帥的今日，學生的學科成績可以量化表現出來，但品格卻很難呈現。簡言之，就是大多數的家長都認為只要孩子把書念好，以後就會有前途，但事實上品格力才是目前孩子必備的素養，這些社會的期待常常誤導老師著重的面向。因此，未來如何讓品德表現好的孩子，也能獲得成就感，有表現的舞臺，得到肯定，在在都是教育制度設計需要面對與斟酌的地方。讓學科與品格並重，才是優質的教育，若能如此，孩子的未來必然是亮麗的。

教師挑起銜接家庭教育的重擔

家庭教育是教育的源頭，孩子在家的時間比較多，因此，家長的教養觀念是教育成功與否的關鍵。現在的社會多元而複雜，家長的背景與教養觀念更是形形色色，在都會區或許不明顯，但在偏鄉因文化刺激較少，經濟較弱勢，家長教育程度的落差，會使教養觀念的差異特別明顯。就因這些多元而弱勢的影響，導致家庭功能薄弱及教養觀念較為不足。

所以，偏鄉的家庭教育必須仰賴學校教育來接濟補強，目前我們有針對文化不利地區的家庭教育進行扶助，甚至還成立了家庭教育中心。希望家庭功能不彰的家長接受輔導，但事實上家長出來參與的意願卻很低落。因此，很多好的教養觀念很難宅配或輸送到家長這一端，這是目前推動的困境。

偏鄉學區，不僅單親家庭特別多，還有夫妻一起出外賺錢養家，因而隔代教養的家庭也逐漸增多，想要阿公阿嬤的觀念改變那可是難上加難。因此，學校教育也要替代家庭功能的不足，在偏鄉服務的老師，可能要兼代父母親的角色，且要勤做家庭訪問，去彌補家庭功能欠缺的那部分。學校教育進一步協助家庭教育，透過學校的服務與努力，可以讓孩子知道學校師長的用心以及這份價值。因此，願意在偏鄉服務的老師就顯得難能可貴。我們一直努力與拜託偏鄉老師將孩子視如己出，當成自己的寶貝，不管在家庭還是在學校，不論是食衣住行，我們都希望面面俱到，也讓孩子感受得到。

唯有慢慢改變家長「萬般皆下品，唯有讀書高」的想法與觀念，學校教育才有可能隨之提升。因為天生我材必有用，每個孩子都有他獨特的一面，一枝草一點露，行行都會出狀元。不論如何，在國小階段，讓學生得到充分的發展，至少在做人處事與生活上，只要努力，一定可以做得到。學科不是每個學生都能拿到滿分，也不可能保證一定會有很大的成就，但懂得感恩，知道負責任，學會同理心，一樣可得人疼愛。我想貧窮人家的孩子，如果懂得回饋感恩，在困境當中能運用這些能量改變未來，將來他的成就勢必無可限量，對社會的貢獻必會更加具體，也許不會輸給在順境中長大的孩子呢！

獨創嘉教五讚之品格力——自省札記

品格力是大家所重視的，學生未來的競爭力是建立在品格力上，相信未來社會將會是一個以品格決勝負的世代。

當初所推動的品格力，與他人不同之處在於我們相信每個人都有「自我反省」的能力，希望透過自省來成長，不再侷限於紙上談兵或空口說白話的階段。因此，設計出由老師帶領孩子，利用每一週或兩週來書寫一篇自省札記，就學校班級內或生活周遭發生的事情，甚至是別的學校發生的案例也沒關係，每一個禮拜找一個題材，設定一個主題，來自我反省。經由老師的引導，去分析事情發生的經過，在對照自己，看看別人之餘，試著思考，雖然事情發生在別人身上，但萬一我遇到的時候，我可能處理的方式會是如何？去想這樣處理對不對？正確的原因是如何？不對的原因又是如何？透過這種正、反的想法，達到自我的省思，正所謂「見賢思齊，見不賢而內自省也」，見到人家做得好，就向他看齊學習；看到人家做不好，就時時警惕自己，不要犯同樣的錯誤。讓孩子慢慢去薰陶、形塑以養成良好的習慣，最後將之內化而成長。

老師透過批閱的過程，可以增進師生間的互動，發現孩子的想法，有時並不輸給大人，或許老師也因而被提醒：連孩子都會有這種想法，那我們當老師的又怎能做不到呢！當然也可利用批註給予學生機會指導，師生之間的情感就如此交流起來。這正是我們當初設計的初衷，雖然會增加老師的工作量，但我們覺得可以透過自省札記的反思，老師批閱的過程增進師生間的互動，以更了解孩子的內心世界，再經過老師的引導與帶領，對孩子是有直接助益的，而且也有利於班級經營及生活管教。

其實在「嘉教五讚」方案推動中，我們對孩子在書寫自省札記這部分的期待是很高的，如果每個人都懂得自省，社會必然沒有大紛爭。雖然可能會多花些時間，但希望透過這樣的方式來協助老師多了解學生。所以，在實施自省札記這幾年來，我們一直在觀察，一步一腳印的慢慢做，這其間有許多做得不錯的學校，例如：祥和國小有位五年級的孩子寫了一篇〈「看見臺灣」紀錄片的感想〉，文中寫著滿滿的感觸，他發現臺灣本來是一個多麼漂亮的地方，卻由於不當的破壞、開發導致變成現在的模樣，所以，他覺得保護臺灣環境應該從心做起，從自己做起。這篇文章引起很大的迴響，兩天內在臉書上有超過三萬人次回應、按讚。

當然，我們也希望不是只會寫而不會做，這需要慢慢去養成，因為這樣的習慣對孩子來說，有一次的經驗後，他會在行為上留下記憶，日後遇到事情時，先會在心裡產生反思，這樣做是正確的還是錯誤的思考，在作決定時會變得更加成熟穩重，不會魯莽行事，對處事與待人上絕對會有很大的幫助。

我相信這段時間有用心的老師，透過自省札記，一定會讓不少的孩子有所改變，有所成長，讓自己班上的孩子變得更加成熟懂事。**一個孩子的成熟度高低其實就是決定在於他自我反思的能力**，正如曾子曰：「吾日三省吾身」，如果每個人都能這樣做，發生爭執或吵架的機率就會大大的降低。

所以，這種反思的能力其實是至高無上的。凡事都能具備這種「可能是我錯了」的自省能力，品格力自然會提升。原則上孩子出社會後，他的競爭力也就決定在自省的能力上。因此，在書寫自省札記時不要只是應付性質，不論書寫多少，要把握住一個重點和原則，即是自省能力的養成。我們在乎的是能力的養成，從養成到以後變成習慣，遇到事情都能主動去做自省，相信未來的臺灣社會必然看不到詐騙，看不到食安問題，這是我們所期待的！

從友善校園方案看品格教育

教育部從過去的學科教學改革為領域教學，所謂九年一貫課程教學，常讓外界質疑變成「缺德」的教育，讓大家覺得政策是在迎合過去家長錯誤的士大夫觀念。正式的德育課程幾乎消失，既然無德育課程，老師就少有機會去暢談品德教育的經驗，孩子更無學習的機會，加上入學考試也不考，月考及平時考都沒有評量的情況下（過去還有公民與道德課程），即使要融入課程，再多的融入就會變成有融無入，因領域課程的進度都已經趕不上了，哪有時間可融入其他的呢？造成孩子在學校學到的東西變得很少。

其次，我們的政策法令將孩子們保護得太好，教出許多所謂的「媽寶」，在學校動不動就說被霸凌、體罰或騷擾，甚至視校規為無物。教育部的規定偏向於保護學生，導致學校無法對學生做出要求，如此一來，學生的行為規範就很難導正，試問沒有模具如何型塑？如果還要學生行為有一定的水準，無疑是緣木求魚。因此，臺灣的教育政策若再不作調整、改變，整個課程無法修正，縱使學科教得再好，也無法在國際上一較長短。對於這些光怪陸離的現象，我們地方政府只能止於有想法，卻陷於無計可施的窘境中。

如果我們一天到晚只會討論關心「會考」成績考得好不好？第一志願考上了嗎？以學科來定位一個孩子的未來，那是大錯特錯！但國家目前的教育政策，卻一直在做這樣的誤導。我覺得這方面應該努力作改變，因為《國民教育法》規定得很清楚，可是為何我們的課程卻無法去符應，一味的要求要常態編班，那是沒有意義的。教育的重點是適性課程而不是常態編班，一枝草一點露，天生我材必有用，應該是順性適性才對。一個孩子喜歡念書，就引導他念書，輔以基本能力教學；而比較不愛念書的孩子，針對其適合的性向給予肯定與發展，未來成就將無可限量。若學科與特殊才能表現不是很出色，卻能擁有好品格且生活能力佳，至少還是擁有生活自理的能力，不會成為社會的負擔，那也是不錯的。所以，教育基本的重點應該回歸到打好基礎，理解為人處事負責的基本態度，能夠互相尊重與包容。

每一位老師都想把學生教好，但有時礙於法令的規定，為了明哲保身，老師可能會先考量評估管教作為是否符合法令，是否要先保護自己。目前法令偏向保護學生，教育環境已經漸漸形成只能教不能管，其實教育孩子是要有管才有教，沒管教是無效的，這就是所謂的管教、管教。老師若被綁手綁腳，失去武器的老師縱使有一身好本事，又如何能教學生去披荊斬棘、衝鋒陷陣呢？

所以，想要有效推動品格教育，教育環境必須先改善，法令須先鬆綁，家長的教養觀念也要隨之改變，配合老師的專業堅持與學校的管教得宜，這樣教養才會有效。若教育只是維持大家表面相安無事，一天過一天，那孩子就很難有好的品質，甚至子女長大後要和他們溝通是非善惡，要求他們守法、守信用是不可能的。價值觀一旦被混淆，就容易與別人產生糾紛，甚至遭到孤立。

美感教育與品格教育

目前教育部正在推動美感教育，我始終認為美感教育及藝術深耕的確是可以彌補品格教育的不足。大家普遍的認知是教育就是讀書，教育即是知識教育，但知識教育若沒有辦法把它轉換成生活能力，又有何用？這是目前臺灣教育最嚴重的問題。倘若教育只是校園圍牆內的事，老師如果只是來學校上班，時間到了就走，這樣是無法產生教化效果，教育又有何用？

任何學科的設計都與社會生活有關係，例如學歷史，以歷史為借鏡，可以鑑古知今，知興替，這就是讀歷史的意義。布袋戲有句名言「別人的失敗，就是咱的快樂」，是要勉勵人不要重蹈覆轍。讀歷史方知歷史人物的性格決定他的命運，藉以了解如何去避免，去選擇及培養好的性格，讀歷史就是要轉化成生活，改變自己。又如學數學，懂得加、減、乘、除，四則混和運算，運用在生活中，知道做事情有次序、有倫理，懂得輕重緩急及優先順序，這些就是讀數學的作用，倒不一定要成為數學家。

所謂的美感教育絕不是一定要讓孩子變成一位藝術創作家或讓孩子無法忍受沒有美感的環境，而是要培養欣賞的能力，讓他能轉化成尊重的素養。要從學理讓孩子懂得藝術與美感，內化自我，從一言一行中展露出美感，讓人家覺得我們教出來的孩子就像是彩雕出來的藝術品一般，充滿著美感與價值。

所以，美感教育並非強調到博物館、美術館等參觀有形的藝術品而已，或是校園建築外牆拉皮改建得非常漂亮，花了很多經費，結果硬體設備與外觀雖然很美，但人的內心依然不美，其實這樣是沒有意義的。我們希望藝術教育、美感教育最後可以轉化成內心之美，人性之美，也就是回歸品格教育，藉由美感教育來彌補所欠缺的生活素養，這樣才有意義，而絕非花錢了事。

美感教育是什麼？美感教育重活動嗎？在今年的全國教育局長會議中，我曾發言感嘆，教育部目前推的是「缺德教育」，難以美化人心。城鄉的差距讓位處偏鄉的我們不禁感嘆：「生在偏鄉本無罪，活出希望靠機會。」有錢固然能創造美感，偏鄉沒錢卻只能感受自然就是美，嘉義縣擁有的就是大自然的美。教育部推動美感教育，要地方提報的計畫都千篇一律，也就是要有美感教育的師資、課程及活動。然而出去（外縣市）觀摩一趟的交通費是很可觀的，偏鄉孩子沒有辦法每個人都能享有。所以，我認為美感教育最終目的是要讓每個孩子都能令人有好感，這才是真諦。

發展美感教育不是只為培養藝術創作能力，而是要培育學生能具有欣賞肯定的能力，且擁有尊重作者的素養。美感教育要能淨化心靈，學生彼此之間，老師之間都能互相包容尊重，互相欣賞。日前有碩士班學生到教育部抗議，當眾在官員頭上捏雞蛋，但教育部卻未對學生的行為有任何公開發言譴責，「如果這樣的行為也是一種美感而被接受，那教育又有何作用？」我希望美感教育從培養藝術能力開始，最終也要轉換爲同理心，相互尊重，懂得「欣賞別人」，而非任意批評謾罵，畢竟人心之美，也應該是美感教育的一環。

教育部推動美感教育的計畫十分老套，還是要求有美感教育的師資、課程及活動，但嘉義縣沒有各種美術館和博物館，在物質上、資源上的確有所落差。我認為美感教育不應只建立在課程上，而應培養學生能欣賞周遭的自然就是美的能力。衷心期盼教育部能重視城鄉資源差距，並將美感教育結合公民教育，尊重各種形式上的美，但最終還是要能轉換成「人心的

美」，才是正道。

有錢確實能創造美感，沒錢只能感受自然就是美。花錢的美是人工之美、外表的美，且有效期限制；但自然的美卻是永久的、真實的，且魅力無窮。

不管是人工的美、自然的美，最終如果都能化成內心之美，則世上每個人都將渾身充滿美感，講話人愛聽、做事人欣賞、做人人肯定，這才是真正的美麗人生，愛的世界。

第四部
嘉教翻轉

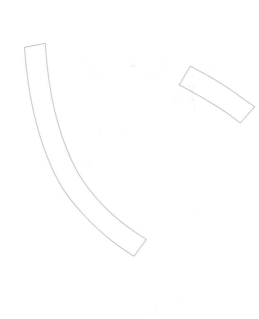

I 嘉教課程與師資的鬆綁與堅持

這幾年在嘉義縣不斷的進行各項教育創新與實驗，而「種種努力只是爲了成就每一位孩子」。我們希望讓孩子擁有足夠的能力和正向的態度，面對未來生活挑戰！

自一〇〇年七月一日到任後，每天跟隨阿里山的日光，積極走訪幅員遼闊，座落山海屯各區的偏鄉學校，不斷思考著：如何拋開偏鄉處境束縛，從在地就能翻轉不利，成就嘉義縣的每一個孩子。有感而發提出「生在偏鄉本無罪，活出希望靠機會，嘉義囝仔不認輸，在地翻轉真功夫」的思維，來帶領縣內教育現場的同仁，整合有限的嘉義縣教育資源，突破法令與地域的侷限，積極進行課程與師資的鬆綁與創新，堅信唯有看見孩子的成長，才是翻轉嘉教的真正成果。

位處臺灣西南的嘉義縣，因小班小校與偏鄉學校比例高，逃不開偏鄉先天不利（高齡隔代教養家庭多、少子女、外移人口比例高、山區交通不便）與後天失調（師資異動頻、同儕互動少、專業師資缺）的束縛，倘有任何點滴的教育成果，愈發顯得艱難與珍貴。本章將呈現個人促進偏鄉師資流動，推動課程鬆綁創意，且兼顧基本能力與多元社團的地方教育經營歷程。

種種努力，只爲成就每一位孩子

教育成敗真正的關鍵是師資，雖然教師證大小相同，但它所承載的重量卻不盡一樣，倘若教師心態正向積極，孩子就會受益無窮。我在臺南縣曾服務十餘年，了解縣轄過去教育事務的種種樣態，在因緣際會下，感謝張花冠縣長的邀約，來到嘉義縣擔任教育處長。身負重任的我想激發嘉義縣教師的熱誠，不過熱誠僅仰賴激勵輔之，效果很有限，因此建構一套具體量化，客觀數字的績效系統，從具體數字中分析各校學習成效、教師教學成效、學生學習成效的優劣與差異，據以研擬活化與創新嘉教的通盤政策才能有所成，如全縣國中小的嘉教五讚與全縣國小的學力檢測，就是最佳明證。

嘉義縣屬於傳統農業縣，地處偏鄉，資源嚴重不足，單親、隔代多，家庭教育偏弱；又因山海幅員遼闊，雖有豐富生態樣貌，但小班小校居多，六班以下學校近七成，五十人以下有將近四十八所，造成學生同儕間互動少，對學習確實不利。

然而，「偏鄉的孩子不是笨，只是沒有機會」，即使嘉義縣有這麼多不利的條件，我仍本著「我為人人才是人」的信念，堅持「有想法就有希望」，是以，每次致詞場合，我都會再三重申理念和思維，想盡辦法突破與鬆綁法令的侷限與現場的框架（如《實驗教育三法》的各種模組），千方百計讓現場校長與教師動起來，鼓勵激發出現場教師們的無窮熱情與創意（如重視教師節特殊優良教師），希望他們能把別人的子弟當成自己的孩子般來照顧。所以，這幾年在嘉義縣不斷的進行各項教育創新與實驗，而「種種努力只是為了成就每一位孩子」。

攜手大學高中，共創嘉教創新實驗基礎

嘉義縣的偏鄉資源在先天不足與後天失調的雙重弱勢下，小班小校儼然是未來的常態，有鑒於此，嘉義縣積極保留小校，規畫從偏鄉師資著手，乃至攜手大學高職專

業合作發展，更創發異地遊學與英語共學等課程來鬆綁在地嘉教的課程與師資，藉以活化縣內各校特色，創造嘉教亮點，奠立嘉教創新與實驗基礎。

提高有感薪資，吸引優秀師資進駐偏鄉

要解決目前偏鄉師資流動率大的問題，先要吸引好的教師願意前來，再留得住，最終教得好，這環環相扣與教師本身的需求有關。

首先，願意來偏鄉服務的老師，將其薪資結構與額外獎金提高，讓他們有感薪資增加，能滿足其基本生活費用，能消弭交通往返的薪水損耗。再者，透過績效獎金讓老師留下來，特別是代理老師，可以透過績效獎金拉近與正式老師薪資上的差異。最終，績效獎金也象徵著老師只要有努力教得好，孩子有成果，就給予額外實質且有感的獎金。然而，目前的法令還未通過，這方面仍有待努力。

總之，教育的成敗關鍵在於師資品質，讓好的老師留下來，無論偏鄉或都會區，都是解決師資流動率大的根本之道。

結合技職高校，掛牌專業合作發展

由於縣內小班小校多，不利孩子學習，加上教師流動率高，讓師資品質時好時壞，專業師資恐有不足。如果現行地方的教育資源無法克服，那我們只能運用外部周邊適合學校發展的各種資源，來讓偏鄉學校有所提升。

嘉義縣周遭有許多大學與高中職校，各有其豐厚的學術資源與發展特色，因此，提出專業發展合作學校的概念，召集有意願且條件適合的十一所國中小學來進行，攜手國立中正大學與嘉義大學的相關學系簽訂協議掛牌，利用每周三下午或寒暑假，由大學教授到校進行校內師資的專業知能指導，大專生同步可到校指導學校學生社團活動，進行主題式課程。

另外，參與合作的國中小學校親師生可到大學進行參訪或互訪，如：一〇五學年度，中正大學專業發展合作學校聯合開學日，不僅師生可以使用大學院校場館設施或接受移撥的閒置設備，還有家長可陪同孩子到大學院校享受大學的資源。事後分析，只要接受專業發展合作的學校，學生都有回流的現象，這表示家長對這項政策的正向支持。

為求國中學生適性發展，試辦技職課程往下延伸至國中一年級，讓一年級學生就有職業試探課程，一週兩節參觀職業學校或邀請職業學校老師到校引導，讓孩子及早找到自己的亮點。不僅運用縣轄區域資源，我們也爭取教育部協助交流國內英語教師教學能量，一〇三學年度由教育部協助引進外籍英語教師五位，分發至祥和、三興、新港、竹崎、內埔等國小，同時外師也列入輔導團精進教學計畫，輔導嘉義縣各國小精進英語教學。

創發異地遊學，英語共學與共伴

為了讓學校之間充分交流，讓師與師、生與生之間有所刺激，讓孩子一起上課，因此規畫「嘉教五讚輕體驗，異地遊學微旅行」的創新計畫。在各一週的課程裡，讓兩校間老師彼此觀摩交流，激勵提升，讓每個孩子能享受兩校的資源與師資。另外，因應小班小校日益增多，同儕互動少的困境，自一〇五年一月起申請教育部共伴學校，大校帶領四十人以下小校（如：民和國小與內甕國小），每星期安排一天進行適合混齡的課程，如英語社團、舞蹈等，讓小校孩子也有大校的視野，享受兩套的師資服務，對偏鄉孩子的翻轉是很有幫助的。

我們還爭取凱基基金會贊助英語共學計畫，於一〇五年三月利用週三下午課餘時間辦理，集合二至三所有意願的鄰近學校，安排優質的英語教師合校合班，混齡英語教學，讓更多孩子彼此互動，提升學習效果，包括布袋鎮的過溝國小和貴林國小、東石鄉的東石國小型厝分校和塭港國小，以及鹿草鄉的幾所國小，藉此翻轉原本偏鄉英語師資不足的窘境。

好嘉教小故事

生活溫馨，總在你我

在進行北回歸線課程夜宿太陽館之前，班上孩子們已有奮起湖綠野仙蹤的戶外遊學與美林新岑兩校異地遊學經驗，孩子們熟練的預習著課程內容、混齡學習分組、夜間活動導覽解說，包含整理背包裡的物品、摺棉被、房間床位的清潔維護及整理等住宿的課前準備。

夜宿當晚，就寢前，我忙著張羅招呼孩子們整理床位，孩子們自由選擇床位，突然發現，班上有位較不受歡迎的孩子床位旁邊空著，孩子們彼此互看，就寢前歡樂氣氛為之凝結。我察覺後沒太大反應，心想讓孩子們學著解決這個問題，突然有位孩子眼神跟我示意，靜靜的將自己睡袋及個人物品搬到那空的床位，隨即藉故幫隔壁床位同學整理睡袋。剎那間，我感到一股暖流竄進心底，孩子們有能力處理自己周遭問題，這正是美林背包客課程期望培養孩子的能力。

無暇整理自己的床位，待忙完，卻瞥見孩子們已經主動將我的睡袋打開，鋪在他們討論、公認最適當、最舒服的就寢位置，睡袋平鋪整齊，枕頭擺放適當。孩子們告訴我：老師為我們忙了一天，該好好休息。那當下，我知道這群孩子們長大了，心成熟了，知道照顧身旁周遭人，也知道將自己溫暖的心化成行動傳遞出去。孩子們，謝謝你們，讓我明白「孩子行動，世界大不同」，孩子們願意付出溫暖而堅定的行動力，世界未來的發展將會大大的不同。

我看見班上孩子們因為遊學課程，開始有禮貌、會生活、主動關懷、團隊合作的好品格，同時班級的團體凝聚力因而提升，班級氣氛愈來愈融洽，同學之間的互動更正向，師生情感交流更緊密。

現在孩子們畢業一年多了，雖然彼此就讀的國中不同，卻還在班級群組裡互動，頻繁討論著彼此的國中生活及課業學習，絲毫不會因為不在同一個班級而情誼變淡。前些日子我在討論群組裡，不經意提到需要某些以前遊學時的資料以便完成計畫。我提過也就給忙忘了，沒留下心眼，沒幾日就有同學跟我聯繫，我需要的資料孩子們已經跟班上每位同學蒐集完成，要拿給我。當時心情很是激動，完全沒有預期孩子們會主動幫忙蒐集資料。

因為遊學，為了達成挑戰，彼此鼓勵、加油打氣所累積建立的聲息相聞、患難與共，讓我確信，我和這群孩子們的情誼將隨時間遞增而更加深厚；更讓我深信，這群孩子們擁有足夠的能力和正向的態度，面對未來生活挑戰！

（文／美林國小　教導主任蔡錦華）

激勵專業發展，打造嘉教有讚團隊

自一〇〇年迄今，嘉義縣各偏鄉學校在全國各類型評比競賽中仍名列前茅，包括縣府教育團隊在近幾年的年度教育部統合視導，多次榮獲非直轄市組第一名，這些榮譽真是得來不易。

辦理校長校務工作坊，凝聚嘉教共識

翻轉未來要靠教育，所以，我上任以來要求處裡同仁，以及校長和老師，都應該適時充實自己的本職學能，做好行政與教學的工作，如每兩個月辦理一次的校長成長工作坊，由資深或有實際校務經驗的校長來做一個經驗探討與傳承；或者辦理校長行政會議，針對教育部與縣政府教育政令、政策宣導與溝通，會中提出各校成果並凝聚共識，全心全力做好校長的工作。

而處長的工作是幫學校找好校長，並非幫校長來找好學校。唯有讓校長的心態有所轉變，不是只有當校長，而是要做好校長的工作，才能讓社區家長支持，教師認同，學生成長。

鼓勵參與教專評鑑，實踐教師精進使命

教育的主體是孩子，但教育品質的關鍵在於老師。所以，為了提升本縣老師教學熱誠與教學知能的提升，我鼓勵各校實行教師專業發展評鑑，一〇四學年度就有一百四十二所國中小學（全縣一百四十七所）加入。此外，每兩個月國教輔導團對教師進行專業提升，並針對精進教學面向予以團務成員內部成長，進而安排到實際現場輔導與指導。因爲參與，所以改變，才能創造感動，營造故事。

堅守基本能力，不忘多元社團

揭櫫國民教育的目標，讓孩子在適性揚才的不同進路中，透過連貫與縱貫的各式課程活動，使孩子學會德智體群美。如果要讓嘉義孩子不認輸，一定要有真功夫才能做到在地翻轉。

推行五讚畢業認證，成就五大基本能力

國民教育是基礎教育，主要在培養孩子的生活知能，為了讓孩子對其他能力有探索體驗成長的機會，因此努力推動嘉教五讚，進行五大能力的養成，包含：品格力、認同力、健康力、親水力與英語力，培養孩子懂得：對人感恩、對事負責、對物珍惜、對己自信，愛清潔、守秩序、有禮貌、懂是非。

從嘉教五讚這政策呈現的數字成效來看，它有幾項作用：

第一、讓教育處同仁可以掌握各校整體表現的優勢亮點，以及亟待補救之處，擬定改善策略；

第二、能讓校長據以要求教師團隊分析領域學習成效，研擬補救教學之道，並進行彼此的校際觀摩比較；

第三、是能確保嘉義縣每位孩子在品格操守、鄉土認同、健康體魄、游泳技能、國際語言等五大能力皆有成長證明與自信喜悅；

第四、在孩子畢業前透過檢覈予以認證肯定，通過者在畢業證書上給予五大標章認證，這項標章肯定的榮耀是讓學生擁有帶著走的能力。未通過者，教師亦可依其不足之處，持續給予指導加強，期許每一位孩子都能夠「五讚能力齊步走，幸福未來我擁有」。

落實學力檢測，補救學習落差

為了解每所學校學科的表現，透過各校間所呈現的差異，檢視各校評量與教學的落差，讓校長領導教師精進教學並適時進行課程調整、評量改變，最終落實學生有效的補救教學，以提升嘉義縣每個孩子的學科能力。

一〇二學年度針對五十人以下國小進行學力檢測：四年級國語、五年級數學、六年級英語，一〇三、一〇四學年度擴大到全縣國小來實施。一〇五學年更配合國家教育研究院，對三、五、六年級的國語、英語、數學進行檢測。連續四年辦理全縣學力診斷測驗，讓具體量化的數據來激勵學校，人家都能做得到，我們自己也要提升，讓校長有機會領導老師改善教學技巧，調整評量方式以為因應。

在地社團起步走，凸顯生態藝文新亮點

除了學力之外，更要培養學生帶著走的能力，所以努力推動社團。社團課程可以培養孩子各項社團專業能力，可以訓練團隊協同合作，可以學會領導與被領導，或者在比賽與表演中展現自信，從中訓練膽識與勝不驕敗不餒的精神。

因此，我們要求每所學校要因應不同資源與生態設置社團，讓每個孩子畢業後至少擁有兩個社團能力。

Ⅱ 嘉義縣實驗教育願與夢

在實驗教育進行過程中孩子的改變是我們最大的成就，
看著孩子一天天的成長茁壯及家長的肯定，
也是校長們另一番的成就感。

法規鬆綁，偏鄉教育露曙光

「教育」在一個人成長過程中是極為重要的一環，不管是家庭教育或是學校教育，每個孩子都應該接受最佳的教育。臺灣的教育體制及政策，經常是從「臺北看天下」，大多數的教育政策好像是為了都會區的孩子所量身訂做，用一套全國統一的標準，不管都會或偏鄉都一體適用，這使得偏鄉教育落差更加顯著。嘉義縣多數學校位於偏遠地區，在偏鄉服務的教育同仁，即便有好的教育思維與做法，卻常礙於沒有法源依據而作罷，甚至因為體制的阻礙，很多改革無法落實，使城鄉教育的落差日趨嚴重。

這些偏鄉教育的限制在一〇三年底《實驗教育三法》通過頒布後露出曙光，學校型態實驗教育條例的公布，讓很多偏鄉的教育理念得以實現，並藉由實驗教育的推動，使得課程、師資、行政組織等等，能突破傳統、因地制宜、量身打造，並爭取到更多經費與資源。

實驗教育起步向前走

嘉義縣的山區有著得天獨厚又豐富的生態資源，然而因交通地形的限制，使得大環境的文化刺激與教育資源相對不足，導致人口外流；或因單親、隔代教養等因素，造成許多家庭教育功能薄弱。學校教育也因學生人數急速下降，同儕間互動漸少，教師彼此缺乏競爭與積極的教學動力，使得許多學校面臨廢校轉型之壓力。再者，山區社會教育資源亦相對缺乏，沒有安親、才藝及課後補習班等其他多元學習管道，因此，本縣的實驗教育很自然的就從山區學校開始推動。

除了保有正規學校教育體制內應有的基本學科知識外，更彌補家庭教育與社會教育資源不足的限制與困境，透過實驗教育的理念、課程鬆綁、教學師資結構轉變、教學方式與行政的創新，讓學校延長教學時數，善用山區特有的在地資源，使得課程內容更加多元化。也將生態課程轉化成教學特色，給孩子有機會觀察、探索、實做、統整及發表，甚至培訓小小解說員，讓孩子懂得熱愛自己的故鄉、行銷自己的故鄉。這樣的學習比起傳統學校教科書的傳達更加有趣及有效果，更讓我們看到偏鄉教育的翻轉希望。

一〇四學年度　實驗教育正式啓航

嘉義縣教育受限於幅員廣大、地形差異等因素，山區小校的數量眾多，年年面臨併校的抉擇。裁併學校首先要面對的是接送問題與地方上對學校存在的情感，因此許多山區小校雖然人數已達廢校標準，但基於維護山區學童之受教權，往往選擇保留學校。一來，呈顯政府對地方教育的重視；再者，更希望想盡辦法能讓孩子學習成效有所提升。

一〇三年底教育部頒布《實驗教育三法》之後，終於突破過去「有想法沒辦法」的困境，嘉義縣於一〇四學年度率先推動學校型態實驗教育學校，除了解決廢校的困境外，更創新推出四所不同特色的實驗小學。有別於一般傳統印象的森林小學或是登山、健行、種菜、騎自行車課程之特色小學，嘉義縣的實驗教育是依據不同地區特性、學校規模，擬定不同的實驗教育理念與內容，並兼顧學生的受教權，進而產生的整合性實驗教育。

太平國小本著人文生態實驗小學的理念，打造一所孟母夢想中的校園：延長課程學習時間，讓學校課程的設計更加實用，並達到學科正常化、社團多元化、生態多樣化、人文品格生活化的實驗教育理念。太平地區有豐富的生態環境，社區文化資源也相當的活絡，因此推動實驗教育的過程相當順利，讓孩子透過學習都能找到自己的專長與亮點。在未來，隨著太平雲梯的開放，外來客會增加，甚至規畫開辦住宿型的實驗小學。學生一旦在基本能力、核心素養、品格處事等方面都有基本的成長，自然能面對升上國中就得離鄉背井的挑戰。

太興國小與仁和國小雖然也有學生數不足的困境，但考量有其存在的必要性，因此改以推動三班混齡教育的型態，讓學校得以永續發展。至於混齡教學的範圍與型態，是搭配一系列的師培課程，讓混齡的教學方式，發揮大手牽小手的效能。學校也增加許多外部資源，透過社區的協助，發展特色教育，甚至吸引外地的孩子前來就讀。

豐山國小配合教育部政策，為混齡實驗教育的試點學校。除了國小三班混齡的編制外，還增設國中部成為國民中小學的學校型態，期許豐山實驗學校能便利周邊來吉、仁和、太和等地處深山的國小畢業生在就讀國中時，不用離開家庭。

豐山實驗學校的規畫，是透過附設國中部來逐年招生，國小部就轉為混齡教學，此為另一種實驗方式。經過一年的籌備，課程、師資也都規畫完善，今年已開始招生。雖然依舊面臨學生人數過少的困境，但以不同於傳統的創新教學方式，加上政大、中正與嘉大三所大學專家學者到校指導，更趨專業。相信在師生的用心之下，定能成功轉型。實驗的意義就是在突破傳統，因應偏鄉地區不同的環境走出有成效的康莊大道。

好嘉教小故事

蛻變——義縣第一所更名改制的實驗教育學校

《實驗教育三法》在一〇三年十一月通過，豐山國小在嘉義縣張花冠縣長及王建龍處長的大力支持下，參加了由鄭同僚教授主持的實驗教育計畫，以增設國中部及國小混齡教學為主軸進行實驗教育，成為臺灣第一批進行實驗教育的先行者。

在特色課程中安排了豐山在地的農作、產業、文化與生態課程，以最貼近孩子生活的素材，帶著孩子認識豐山，親近自然，感恩天地，感謝父母，以生動活潑的方式帶孩子領略學習的美好，以有別於枯燥無趣的講授方式，開啟孩子的學習脾胃，我們的課程打破了傳統教科書的限制，讓學習跨越教科書，走出戶外，走進生活。

原本豐山的孩子是害羞、缺乏自信的，經過實驗教育的課程洗禮，在辦理小小解說員的甄選時，孩子們為了爭取在未來教育概念展擔任小小解說員的角色，竟都踴躍報名，從二年級到六年級，半數的孩子主動積極的為自己爭取機會，有別於過去的沉默、被動，豐山的孩子成長了，變得活潑、開朗、自信有主見。

在這兩天的參展之行，孩子充當我們的導覽員，由剛開始的猶豫不安到最後的自信果決，他們帶著老師和家長在捷運站中穿梭，趕往各目的地，兩日的行程給位於鄉村的孩子不同的學習體驗，在他們的生命留下一段美好的回憶。

為了讓孩子有不同的學習，特地安排了許多學科以外的體驗活動。東華大學顧瑜君教授邀豐山的孩子和五味屋的孩子一起到臺大城鄉所畢恆達老師的課堂上分享豐山生活，體驗大學生的生活，並在大學生面前，以在地文化為題，向外界介紹豐山：他們的家鄉。六、七年級的孩子在臺大的百人大課堂上侃侃而談、自信而大方。網路直播時，豐山的老師和家長在豐山興奮尖叫，自信而驕傲。直播結束，豐山實驗教育學校沉浸在一片歡樂的氣氛中。在臺大的這一幕，給了我們的孩子自信、不同的生活體驗，鼓舞了豐山所有用心的老師，更讓鄉村的家長看到了孩子的潛力。

在實驗教育進行過程中孩子的改變是我們最大的成就，感謝有您一路的護持，讓豐山實驗教育學校成為展翅高飛的彩蝶。

（文／豐山實驗教育學校）

學校優劣成敗之掌舵者

學校經營發展與學校推動課程教學之成效，校長是重要的關鍵角色，我們常說，有怎樣的校長就有怎樣的學校，特別是「實驗學校」，校長的領導風格、能力與特質更顯重要。

實驗學校不同於傳統學校，全新的教育型態需要校長有嘗試的動能與創新教育的思維，還需有克服萬難的耐心與韌性。實驗學校的校長一職，理想中應對外廣為徵才，特別是太平國小，但由於種種因素無法順利進行。因此，考量現行比較周延、兼顧、圓融的遴選制度及候用校長的遴選權益，最後決定由縣內候用校長進行選才。一〇四學年度四所學校的校長皆由候用校長獲

聘，四位初任校長也因為這樣的使命感，竭盡所能的努力辦學、克服萬難，全數交出亮眼的成績。環境可以改變一位初任校長的心境與能力，是所謂「時勢造英雄」。

在實驗的過程中，我們認為校長的潛力是無限的，鼓勵初任校長接受新的挑戰，遇強則會更強。此外，要參加縣內培訓候用校長者，所應具備的優勢是對於本縣教育生態的了解、熟悉資源的取得，能不斷的相互支持、研究與嘗試，才能獲得選任。看著孩子一天天的成長茁壯及家長的肯定，這也是校長們另一番的成就感。

無私奉獻的教育愛

「要演好一齣戲，除了要有好的劇本，更需要有好的演員。」實驗教育的推動，除了校長的領導以外，師資的優劣更是課程教學推動的關鍵。

太平國小率先實施師資解構與重組的做法，讓認同實驗教育推動的老師能穩定的在學校進行課程教學發展。透過教師甄選，將最專業有熱忱的老師組成夢幻教學團隊。在山區推動師資解構再重組較容易進行，原因是山區教師流動率原本就過高，加上山區老師以代理教師居多。另外，太平國小大量使用代理教師，除了可穩定師資流動，且可讓具備專業能力的合格教師有機會在偏鄉服務，與孩子一起成長。

為了讓這些專業的代理教師能安定的在學校服務，太平國小以提高教師編制、延長代理教師聘期、保障其工作權等方式，鼓勵他們在山區小校學習、奉獻，也因學校教師同質性高，校長可透過凝聚向心力的方式，給予成就感，以期能勝任實驗學校繁重的課程研發、教學創新與學生多元學習的挑戰。

好嘉教小故事

實驗教育是孩子未來的希望

小豪是我縣外調動到太平生態人文實驗小學後班上的一位小男孩，相較於其他家境小康且家庭功能健全的學生而言，小豪的家庭相對弱勢許多。小豪的爸媽是異國婚姻，年紀懸殊。媽媽為越南籍配偶，在小豪一年級時已經離異，家裡還有年邁多病的奶奶，由爸爸一人擔負家中的經濟重任。

第一次見到小豪，他表現得非常活潑好動，但學習上有很多狀況，如注音符號的字音與字型無法連結，字型也是經常方向相反；數學方面有好一些，但是遇到題目敘述較長的，他只能發呆。由於爸爸經常要到外地幫忙製作茶葉賺錢，不能每天回家照顧他，所以小豪的功課總是不能如期完成，加上文化的刺激不足，小豪的口語發音也有很大的問題。

了解小豪學習上的需求及不足，我透過多元的教學方式教導小豪，慢慢在語文口說能力及注音符號扎根；數學方面，額外增加其學習時間，並透過小組合作方式，漸進式的增強小豪的學習動機。

由於太平生態人文實驗小學保有獨特且彈性的教學空間，再加上學校地理位置居豐富的生態資源環境中，慢慢的，小豪的學習狀況大有起色。透過老師們積極且耐心的帶領，體驗學校開設各種社團的學習課程，逐漸發展出孩子的興趣，進而成為孩子的專長。再配合學校的特色課程融合生態與當地人文，孩子學習多元且富有樂趣，學習更快樂。

學期末了，結業式當天，我一一抱著每位孩子說著勉勵的話，小豪搶在第一個要讓我抱抱，他輕輕的說：「老師謝謝您，祝您暑假快樂！」我的眼眶熱熱的……

如果沒有用心的教育，這孩子會怎樣，或許會一直處在學習弱勢吧！但是因為有了教育，有了這道光，孩子獲得學習樂趣且不斷成長茁壯！透過實驗教育，孩子的學習不只是課本，還能在其他領域與藝能上得到成功的機會。感恩所有為教育用心的師長及教育決策，給予孩子這樣美好的學習環境。

（文／太平國小教師　葉誼君）

齊心協力共創自信成長

除了學校既有的經費之外，辦好實驗教育需要更多資源挹注，協助學校相關計畫的推動。目前除了教育部有許多競爭型專案可申請補助外，許多私人企業亦對實驗教育很感興趣，特別是在偏鄉，有很多社會資源想投入教育。由於實驗學校會吸引很多外界關心教育的人士來參訪，學校便可藉此機會加以行銷，爭取更多資源補助。

學校因實驗的課程多，所以有機會走出校園，與其他縣市進行交流及演出。嘉義縣的四所實驗小學經過一年的努力，在一〇五年五月受邀到臺北華山文創園區舉辦的未來教育嘉年華展演，在都會區的孩子、家長，以及部長、院長、總統面前展現才藝。孩子與長官面對面時態度自然，侃侃而談，我想這就是個契機：偏鄉的孩子或許只是缺少機會，在實驗教育的培植下，透過有別於過去的傳統教育，用實驗教育的成效來吸引更多外界資源的協助，可以給孩子一個不一樣的成長記憶。

從挫折中看見教育的可貴

實驗教育在嘉義縣是首創，包括課程的設計、操作，以及過去不曾進行的混齡教學。要如何去進行呢？成效又是如何？這些都是一種新的嘗試與挑戰，尤其面對家長「不願讓孩子成為實驗白老鼠的想法」更是擔憂。

記得太興國小開學當天，家長刻意抵制，幾乎有一半的孩子沒有到校，透過一番溝通才說服家長。但經過一年的努力，大家看到學校的用心，也看見孩子的進步，進而轉向支持、協助，還主動掏腰包贊助學校，創造了不少的感動。我想這就證明：教育只要用心，就不會寂寞；只要大家有心，就一定會讓人有感。所以在這短短一年的實驗路程中，大家點滴在心頭，相信經過這一年的歷練，老師們在未來的教職生涯一定會擁有更多的能量。在這樣的環境下，教育才能樂在其中，看著孩子一天一天的進步成長，這樣的成就與喜悅除了校園，是很難去營造的。

值得一提的是，在推動實驗教育過程中，始終讓吾輩不敢忘情的就是《實驗教育三法》的推手及催生者——前教育部吳思華部長。通常長官們所關注的大都是在有特殊表現或優異的教育成果，去做錦上添花的事。但吳部長卻特別注

意偏鄉的困境與限制，常常深入偏遠山區關懷與了解，並主動提供解決之道，從事雪中送炭的行程。

記得民國一〇四年從五月至十二月他親赴嘉義縣，前後就有三趟之多，帶給所有教職同仁、當地社區家長及孩子們許多鼓舞與翻轉希望。這讓我們深信未來臺灣的發展機會，端視教育是否能有好的改變，而最高教育主管當局對臺灣教育的正確走向與掌握度更是關鍵所在。

一〇五學年度，實驗教育的新希望

實驗教育沒有一定的準則，應就學校原有的基礎及特色、社區環境生態及資源來決定實驗的方式及內容。我們有了第一年的經驗，第二年更加大膽嘗試。嘉義縣小校普遍較多，平地與山上做法不同，在平地，我們選擇相鄰的學校，試辦一個模組共伴學校的方式，將一個禮拜中的一到兩天課程整合，使得一個孩子能享受兩套師資及兩所學校的資源。例如：每年級有兩班的民和國小有足夠的教學資源能分享給全校僅有三十二人的內甕國小，讓他們有機會和外籍老師來學習、一起社團活動、豐富同儕間的互動。這就是資源共享，增加學習效果，發揮一加一大於二的合超效應。除此之外，孩子可以學習如何與人相處，老師也可以因互相刺激交流而有所精進。

大埔國中小的特殊點在於位處獨立封閉的山區，距離都會區很遠。那裡的孩子接觸外來不良誘因的機會相對減少，所以學校教育若做得好，孩子的成長是可以期待的。未來嘉義縣期許能吸引外縣市的孩子來就讀，大埔擁有很好的發展條件：四面環山，中間是低平的盆地地形，可用之地又多，要增建校舍較容易；最主要的是大埔是九年一貫的國中小型態，學生一入學就要念九年，可減少學生的流動率。

大埔的生態資源豐富，緊鄰全國最大的曾文水庫，可以規畫水庫的生態課程，讓孩子乘坐遊艇遊湖，在這個過程中，也就是將教室搬到湖面上一般。看到湖邊樹木就可想到水土保持、不濫砍樹木的重要性；看到湖中的水是我們平時的飲用水，所以不可亂丟垃圾、濫墾或噴灑農藥汙染水質；看到山豬又可以聯想到生命教育；看到老鷹、夜鷺、水中的魚，又可談到許多許多……。這樣的生態課程是全國獨一無二。

所以未來大埔的教育價值不僅止於嘉義縣，會擴及到全國，吸引很多學校到此從事校外教學，當地的產業、文化、觀光、教育，會因為學校的改制而轉型，讓大埔散發亮點。

今年美林國小還推出了行政創新，就是讓教學與行政切割，行政歸行政，教學歸教學，這樣對孩子整個學習成效會更好。雖然其成效還有待觀察，但讓教學及行政各有所屬，期能對教學與學習有所助益，這也可以提供教育行政單位在未來進行行政改革、行政工作簡化時作為參考。

好嘉教小故事

遊學・翻轉・心動力

在偏鄉小學教書，有個感觸，生於偏鄉的孩子，「成長」這件事是被誤解和「長大」一樣的詞，可以由時間的推移，等待著就發生了。所以受學校教育對於家長和孩子來說，便是長大和成長的證明，只要乖乖守候等教育階段結束，就可以翻轉命運。等著入學通知到來、隨著年齡升級、每個階段畢業，終於長大該進入職場就業，然而堆疊了學科知識卻少了生命經歷的長大過程，孩子們是個連築夢都不敢、也不會的空洞無力的個體，只能無存在感的在人群外生活。

就在學校進行遊學、背包客及設計學習的課程中，終於看到偏鄉孩子心靈成長的足跡與感動。在新岑國小異地遊學的一個星期，孩子們離開熟悉的環境，就如同脫離依附臍帶的新生兒，開始以自己的感官探索世界。從第一天眼神和肢體透露的惶恐和退縮；接著對豐富多樣的課程充滿期待和驚喜；最後的成果發表勇敢站上臺，如數家珍般的分享這星期的所見所聞。這其間的轉變是令人喜悅的。

遠赴臺東，即刻前往太平的美林背包客，是場體力、耐力和毅力的考驗。五公里的小小馬拉松、大尖山和二尖山小百岳的征服。幾個月前就計畫性的，不間斷的以跑步、跳繩來鍛鍊體力。縱使做了體力上的訓練，在面臨實境時，起伏不平的路況、一路上升的陡坡，在在都是令人想放棄的挫折、難關。因此，當孩子們領到完賽和登頂證明，臉上洋溢的是：「我做到了」的成就感和驕傲。日記裡記錄了過程中自己的心裡喊話：「實在很累的時候，不敢說出口，更不敢休息，深怕軟弱了就再沒有動力出發」；「不能輕易說放棄，若現在因為累了就放棄，那之前的努力不就白費了？」；「別人能做到，為什麼我不能？我要撐下去，試過、努力過才知道！」可貴的內在動力在這試煉中萌生。

一場為期半年的設計學習，由事前蒐集原鄉資料在鄒族人臺前作簡報，到策畫展覽進行學習成長的導覽。孩子們分組後瀏覽大量資料，然後進行篩選，最後精簡而成一份簡報，這似乎是項超出孩子能力範圍的龐大作業。但面對著任務，過程中組員由衝突，後冷靜思考，到學習彼此溝通，完成了階段性的準備。接著上臺嘗試，在不盡理想的失敗經驗後，為了克服緊張，一次次的作了檢討反思，終於摸索出解決的方式：期望自己要對導覽內容有精熟的了解，幫助記憶，背誦順暢，並透過各種場合的模擬，讓可控制造成緊張的因素降到最低。當展覽活動正式展開，孩子們扎實的獲得了自我突破的成功經驗。

班上一位孩子在同學們即將畢業時，節錄了一段短文送給班上同學：「努力也許不等於成功，可是那段追逐夢想的努力，會讓你找到一個更好的自己。最痛苦的不是失敗的淚水，而是不曾盡力的懊悔。現在的你站在什麼位置並不重要，重要的是堅定前進的方向。」終於看見，這是在偏鄉孩子心裡充滿鬥志的力量，這股生命力因為過程的汗水及恐懼，令人感動。

（文／美林國小教師　黃慧琦）

勇於嘗試，實驗教育締佳績

剛開始推動實驗教育，因一般人較墨守成規，不願去挑戰、創新，所以免不了抱著遲疑的態度。但嘉義縣大膽嘗試，而且有法源依據，當初是從一個點開始，後來實施一、兩年後，希望可以讓大家看見成效，逐漸感受到此法是值得去做的，透過分享交流，擴大意願，甚至創新作法，期許未來的模組將更多，數量更倍增，可各自發展其特色。

別人不敢做的，我們勇於嘗試並做得更好，證明我們是負責任的，眼光是正確的。因為機會不等人，教育也不能

重來，若孩子走偏了，代價有多高？大家可想而知。因此，我們排除萬難，竭盡所能，讓偏鄉困境翻轉，讓每個孩子都有機會與都會區的孩子一樣的成長，除了要跳脫法令的限制外，我們的心靈也要提升、轉變。老師的工作和一般的工作者是不一樣的，因為我們的對象是活生生的人，而不是一般的商品。因此將學生教育好，社會、國家才能有所改變及進步。教育若不落實，國家及經濟就會裹足不前，甚至日趨落後。

相信大家一定會有興趣想了解，因地制宜的作法，可讓孩子更好，為何不開放，還須透過實驗名義的核定呢？為何不能讓地方政府想好就馬上去實踐呢？這就是臺灣僵化的教育環境。身為地方教育工作者，每每有這樣的感嘆，「依法行政大人沒事，但可能置孩子於不顧；行政作為不合乎法令，學生學習權益雖可保，但大人不是被扣款，就是被處罰。」這是臺灣教育的悲哀！

Ⅲ 法令政策與教育現象之我見

體會教育體制下孩子不合穿的痛苦，要替孩子量身訂做，
他們才有機會展現一身好手藝。
「學習必須轉化成生活能力」，這才是教育的眞諦！

教育事務經緯萬端，教育政策多如繁星，然教育政策關乎教育品質。身為地方教育行政機關主管首長，個人擁有的價值觀與使命感及對教育政策的針砭解讀，將轉化與體現於每一層面的教育舉措，更是決定中央教育政策與地方教育作為是否順行推展或窒礙難行的關鍵。質言之，身為地方教育機關首長，其個人對當前臺灣教育現象與政令政策的見解，或將直接與間接影響地方教育政策推動的成效。

觀察目前教育現況，出現許多異象，如：師資進用、課稅配套、年金改革與美感

教育等等。是以，我想藉此專章一一梳理、解析當前教育政策與現象背後所隱寓的教育危機，並轉化為現今教育工作者的正向期待，希望讓教育的未來更加美好，終能激盪出現場的教育同仁能有更多的思考與行動。

中央政策限制多，授權地方量身訂做

國民教育為各教育階段之根本，《國民教育法》第十六條規定：「辦理國民教育所需經費，由直轄市或縣（市）政府編列預算支應。……中央政府應視國民教育經費之實際需要補助之。」在此法令規範架構下，卻引發中央限制多，阻礙地方教育發展的亂象。

藝術才能總班數門檻，導致小縣設置少與偏鄉機會低

國中的課程，為考量孩子發展藝術才能的機會，訂有「高級中等以下學校藝術才能班設立標準」，就是希望讓學校在國中階段，給喜歡才藝的孩子有發展的機會，然

觀其規定仍僅止於蜻蜓點水，與實際運作仍有很大的差距，造成功虧一簣，為德不卒。依照現行設立標準第六條規定：「各教育階段別有意設班者，應分別以其前一學年度國民小學、國民中學藝術才能班總班級數為限，雖經專業評估教育資源分配而有增班之必要時，仍不得超過該縣市政府前一學年度各該教育階段總班級數之百分之一點五。」

以嘉義縣現有國中計二十五所為例，目前國中班級數約四百班，若依比例計算，僅能設置六班；而藝術才能班設有至少音樂、美術、舞蹈等三類別，若以僅能設置六班，以一所學校一、二、三年級各一班來計算，只有兩所學校能設立，而此兩所學校總計亦只能發展兩類，根本無法滿足各校設班需求。

尤其在現今十二年國教倡導多元適性發展的時代，不合時宜的規定無法同步調整，這些規範等同虛設。學校設班不易，造成學生沒有選擇藝術才能班的機會，以致無法就近入學而須到遠處學習，這樣的現象是偏離適性揚才的理想，實不合情理。在義務教育階段中，亦無形剝奪孩子的學習權益，所以應將其設班限制取消以符應實際需要。

實驗教育校數限制，讓偏鄉縣市被迫放棄

政府為鼓勵國中小教育實驗與能有更具創新的做法，自一〇三年十一月二十九日公布實施《實驗教育三法》，讓教育在現有法令束縛下能有更彈性做法。在《學校型態實驗教育實施條例》第二十條規定：「主管機關指定辦理學校型態實驗教育之學校，學生總人數不得超過四百八十人；指定學校總數，不得逾其所屬同一教育階段總校數之百分之五，不足一校以一校採計，但情況特殊經報中央主管機關核准者，至多得為同一教育階段總校數之百分之十。」

實驗教育對偏鄉地區來說的確是一大福音，因現行相關規定對於偏鄉教育是成本高且成效不好，若能有創新的做法，將是偏鄉教育發展的重要契機。但因嘉義縣小校特別多，以現有百分之五，甚至百分之十的比例限制，對於有心推動的本縣來說是無法滿足的。以國中為例，原預計規畫實施三所，但卻礙於門檻的限定而被迫放棄一所，實為相當無奈與可惜，也因此多次向教育部爭取：若縣市有心要做，應放寬其比例限制，但卻遲遲未獲回應。

近日教育部釋出訊息，未來會修法將額度提升到三分之一，能如此放寬對縣市推動確是一大助力。但令人不解的是，為何多次爭取放寬未果，此次卻突然會有如此快速的轉變？就媒體刊載的資料顯示，此改變原來並非是因應地方政府的建議，而是在執政黨中常會中有縣市首長的倡議才獲得重視，如此不禁讓人感受到教育部過於官僚的作風。其實教育部應劍及履及，而非因誰來建議才有所改變，這樣「官大學問大，有權勢講話聲音就大」的文化，絕對是不好的教育示範。但若能修法放寬總是好事，只是教育部如此的心態，著實令人無法領教。

授權地方訂做，激發在地亮點

我認為，教育部政策就像是「成衣式的政策」，因為中央政府主管機關推動教育政策的做法，猶如發給地方基層教育現場的老師一套制式、大量生產、規格相同的成衣，沒有城鄉差距考量，然後再發給全國每一位孩子穿。如果穿不下這件成衣，孩子就必須強制減肥；相反的，如果成衣太大件，孩子也必須勉強穿。這樣的思維就是強迫式的教育政策，只考慮成衣政策，卻沒有見到教育主體——孩子不合穿的痛苦，甚至我們會看到有的孩子根本不穿了，放棄教育，遠離學校，像中輟生就是選擇不穿這件成衣，太痛苦了。讓人更難以接受的是，這些孩子沒有穿這件衣服，無法接受這套教育政策的後果，卻又要地方政府買單負責任，收拾殘局。

雖然嘉義縣是偏鄉，但我堅持嘉義縣的教育不能認輸，未來嘉義縣能否在地翻轉，就要靠這些孩子能否在教育過程中學會真功夫。因此，嘉義縣的教育承擔不起中央教育政策的苦果，所以，往後嘉義縣的做法，考慮將檢視中央政策是否合身，當用才用，不合身就進行必要的剪裁，以維護孩子受教的學習權益。

因此，我們衷心建議，中央教育主管機關教育部之做法是發給地方政府一塊布料就好，色澤、材質可以指定，但是授權地方政府因地制宜，自由裁剪，因為我們一定比中央更了解嘉義縣偏鄉孩子的特質及教育需求，讓現場老師更能掌握不同孩子需要的尺寸，替孩子量身訂做，有機會展現一身好手藝，保證省布又合身，只要衣服合身，孩子自動會喜歡穿。如果再給予飾品點綴，孩子馬上就會有亮點。

簡單的說，中央教育政策應該鬆綁，只須管考地方教育品質，大方授權地方政府和基層老師，讓其有機會發揮創意，如此既能展現地方教育特色，又能讓孩子在適性合身的教育歷程，展現自己的優勢亮點。

課程缺德唯智，呼籲回歸法令與適性

《國民教育法》第一條明定國民教育應「以養成德、智、體、群、美五育均衡發展之健全國民為宗旨」；另第七條載明：「國民小學及國民中學之課程，應以民族精神教育及國民生活教育為中心，學生身心健全發展為目標，並注重其連貫性。」可見國民教育課程內涵是為學生身心健全均衡發展。然而，目前教育現場的缺德課程、有教無管、違反常態編班等亂象，似乎已背離此法令精神，應及時做通盤檢討改善。

九年課綱規範呆板——束縛老師，誤導家長，累死孩子

目前的九年一貫課程綱要規定太緊太多，例如課程內容與進度都是由國家安排，再要求各學校按表操課，這種對施教的綑綁與束縛就是統一規格，是課程上的成衣政

策。如此的規畫無法滿足現場的老師、家長和孩子，將會造成重大的影響。

就老師部分而言，課程綱要規定一節的時間，規範領域的百分比，加上教科書內的進度，還要融入一堆議題，也別忘了因過分重視學科的結果，讓很多學生從小應具備的公民及人文素養，因無法排入課程而勉強採議題融入的方式進行教學，造就現行的課綱把老師的時間綁死。可是，中央卻又要老師有創意教學。我常看到現場老師為了趕進度與考試，毫無時間實施其他面向，只能蜻蜓點水般，形同虛設，這些老師要如何做創新教學、有效教學？如果課程沒有鬆綁，就不要奢望老師會有創意。

再說家長的部分，我認為課程與評量考試的設計也誤導家長只重視學科表現。目前全國所有的入學考試都考學科，卻沒有考品德、考體能，這不就說明孩子只要會考學科，其他可不用多學，就能順利進入每一個教育階段的學校讀書。再來看看現行的十二年國教入學超額比序辦法，之所以效果不彰，是因為所有的品格服務學習與體適能表現等項目都是可以操作的，很難說服家長。所以，最後還是看學科表現、會考成績的比較，才能讓大家輸得心服口服。

另外，學習本是一件快樂的事，但因家長重視學科心態與課程誤導家長的雙重影響，常常可以看到許多孩子自小就過度學習、提早學習，或許還因此造成小時了了，大未必佳的憾事。從尋找什麼都教的幼兒園開始，再訓練孩子參加提早入學鑑定，鼓勵跳級。這樣過度訓練的結果，讓家長有尊榮感與優越感；殊不知孩子的心智年齡還沒有跟著長大，雖然學科可以應付過去，但對於同儕人際互動是需要時間適應的。所以，有學等於沒學，意思是說，學科有學卻等於人際沒學。諷刺的是，家長往往怕輸在（學習）起跑點，卻停在（人際發展）起跑線。

最後再想想孩子，現在緊湊的課程讓孩子無法好好思考，缺乏適性的課程設計安排。老師追趕教學進度，孩子也只能追著老師拚命趕進度、趕考試；老師在課堂內沒有時間教品格，孩子還被要求要多閱讀，但時間在哪裡？加上家長重學科表現，白天課程結束，在老師鬆手後，家長還不放手，再接再厲送到安親班與補習班，等孩子回到家後，早已累得只想睡覺，老師教的也都忘了，親子關係與家庭教育也不見了。

總而言之，現行的課程設計的確有安排失當、太過緊湊與誤導家長等三大隱憂。

髮禁服儀中央抓，管教難合一

教育部為協助學校依《教師法》第十七條規定，訂定教師輔導與管教學生辦法，特訂定《教師輔導與管教學生辦法注意事項》，藉此引導老師正向管教。在國中小基礎教育階段最重要的就是生活教育，易言之，是教育孩子未來能適應社會並能與人相處。所謂師者，所以傳道、授業、解惑，這也是每位教師應都能做到的。但教育部常是該管的不管，不用管的卻管到底，且管得仔細又嚴格，像是髮禁與服裝儀容等。其實這些應該是授權地方政府，讓各校因地制宜訂定公約，大家有所共識遵循即可。學生應有當學生的樣貌，中央政府卻要管這項，違反者不能記過或處罰，但現今學生類型十分多元，有些吃軟不吃硬，有些則反之，其實應開放各校有其管教的辦法。當然體罰是不被贊同的，但也應有合宜適度的管教方式。自禁止體罰之法令訂定後，部分家長及有心人士常以規定來凸顯教師的管教不當，造成基層教師施行上綁手綁腳，最後也只能選擇明哲保身。

常云：管教管教，有管，教才會有效；若有教沒管，教是無效的。所謂管教或正向管教，應是有管，教才有效，有管才有教育的效果，這是管教合一的概念。

如今面對學生，我們只能教卻不能管，政策上要求教學正常化，但管理卻無法正常化，一旦過於管教，家長就有意見，屆時家長團體進校，記者關注，人本基金會介入，教育部就來了，監察院也來了，還要檢討寫報告，甚至走上法院訴訟面對賠償。所以，老師沒有了武器，又如何帶領學生披荊斬棘；讓老師放下武器卻又教孩子衝鋒陷陣，這是極盡不可能的事。

正因為先天法令制度的侷限，加上後天家長期待師資只要教不要管的約束，有教無管，勢必教育無效，如此一來國民生活教育怎麼會好！這些現象，教育部應加以重視及檢討，基本的生活教育規範應回歸讓基層與家長來制定，這樣或許較爲合宜，藉此各校及各縣市也會做良性競爭，以凸顯各自的特色。時下常發生因班級管理問題，而頻頻出現在媒體上成為新聞事件，造成學校及教師的困擾，這是十分不值的。試想，在學校就沒有學生該有的分際，進入社會又怎麼能成為一個好國民？

憂心學科至上，提倡體育助品格

課程涉及孩子的生活，如同每天的菜單，若菜單均衡，天天五蔬果，讓孩子吃了營養均衡，自然身體健康。所以，《國民教育法》第七條明文規定，課程的目標要讓孩子身心健全發展；也就是說，課程應德、智、體、群和美育的內容都兼顧，才能讓孩子獲得全人的均衡發展。

想想過去民族教育的施行，包括：升旗唱國歌、晨間服儀檢查、洗臉修剪指甲、儀態頭髮等，就算沒有天天進行，每週至少兩、三次，讓每個孩子有模有樣。而聽到國歌自然跟著唱，看到國旗自然立正面向國旗，那時候，國家概念具備，國家認同感深植，民族精神教育成功，這就是課程目標的功能。

可是這幾年看到的課程，哪有國民精神教育的存在？現今升旗已成負擔，中央政府不要求，地方政府不重視，學校能省則省，能免則免，也難怪缺德的孩子輕而易見，哪有常規與品格可言，這就是課程實施在德育上偏離的例證。

一直以來，國中小課程都只有補救學科，卻從來沒有聽說品德不好補品德，體育不好補體育。而考試為什麼能引導教學？正因為政府重視學科，才造成有考什麼，孩子就只學什麼。不僅在課程上偏向主要學科，就連國中分組學習和國中小補救教學也把錢花在主要學科上。我們常說：窮不能窮教育，可是中央為什麼預算一直編列，浪費教育資源在主要學科上，其他科別卻都忽略，導致愈教愈不健全，愈補救愈偏差。這不又是一個違反法令，課程失衡的例子。

回溯九年國民義務教育自民國五十七年開始實施後，已經四十九個年頭過去了，經過這階段教育現場所培育出來的孩子，現在也已五十幾歲了，和我大約同樣年齡。但是，我在教育現場看到開始十年後（民國六十七年），國民教育儼然大變質。想想現在三、四十歲的孩子比起前一世代，有因為九年國民義務教育課程實施後，他們的體能變得更強壯嗎？價值觀變好了嗎？有學到一技之長嗎？如果沒有，不就證明現今的課程已背離《國民教育法》所揭示的五育均衡課程目標嗎？教育之功用何在？學歷提高了，素質有否同步提升？

這樣的課程失當，如同菜單上菜色營養失衡，一旦教育營養失衡，便會導致孩子過度重視學科考試，而患上品格與體能的營養不良症狀，至於對學科不感興趣者，則變成什麼也學不到。其實關鍵在課程內容與結構，如果課程缺乏德智體群美之平均內容，學生如何做到五育均衡發展；內容安排太多且緊湊，更是壓縮其學習空間，因此宜就課程的結構與內容加以檢討。當然，若能來個大翻修調整為上半天是學科課程，下午課程是術科及社團活動等等，對於學生過大的壓力，及教師趕進度的壞現象都將會有所改善。每個孩子若能找到他喜歡的學習舞臺，勢必都會喜歡到學校接受教育。學校教育是培養其學習新知識的能力，只要能養成學生終身學習的習慣，在學校要學習的事物又何需那麼多！

根據《國民教育法》第七條之規定：「國民小學及國民中學之課程，應以民族精神教育及國民生活教育為中心，學生身心健全發展為目標，並注重其連貫性。」我認為國民教育應將教育與孩子的生活經驗相連結，即使學習數學、化學、歷史、地理和體育等其他學科也是同樣的道理，最後一定要轉化成與生活有關的能力並加以應用，這樣的學習才有意義，教育的目的就是要提升我們的生活品質與格調。例如：就學時數學考得很好，未來雖不一定當數學老師或靠數學賺錢維生，但數學的學習卻可以提升邏輯、推理、思考能力等，這就是所謂的「學習必須轉化成生活能力」的意思，這才是教育的真諦！

《國民教育法》第一條也規定國民教育是：「以養成德、智、體、群、美五育均衡發展之健全國民為宗旨」。體育是國民教育中重要的一環，教導學生養成良好的運動習慣，使身體更健康、強壯，有充沛體力做更多的事情，也是一切學校教育與學習的根本，沒有健康的身體，所有的擁有都將化為烏有。

體育教學除了可以「鍛鍊學生強健的體魄及運動技能」之外，更重要的是學生「公民教育與生活教育」的培養。也就是說，除了運動技能的學習之外，更重要的是能從比賽當中學到團隊合作、守法與運動家的精神。贏！贏獎金、贏獎狀、贏掌聲；輸！贏經驗、贏成長，記取教訓，不斷檢討，再接再厲，養成勝不驕敗不餒、越挫越勇的精神，這種挫折容忍力的訓練可以透過運動來養成。

我認為喜愛體育運動的人較沒有心機，說話率直，不會記仇，不扭扭捏捏，個性陽光、樂觀，容易與人相處，人際關係佳。正因如此，在比賽過程中可以訓練學生遵守遊戲規則、服從判決、團隊合作與挫折容忍力，這就是學習體育的眞正價值所在。

現在社會亂象橫生，培養學生守法的態度刻不容緩，這也是國民教育很基礎的扎根工作，雖然不一定每個人都能成為運動選手，但是透過運動可以讓每一個人都成為守法的好公民，因此體育課程的落實有助於品格教育的推動。

課程師資無常態，適性編班可治本

《國民教育法》第十二條第二項規定：「國民小學及國民中學各年級應實施常態編班；為兼顧學生適性發展之需要，得實施分組學習。」此規定對生態落差大的偏鄉來說並非保障，反而會直接衝擊偏鄉國中階段教育。教育的重點在課程的設計與師資的安排，而不是如何的編班，孩子不論在哪一個班級，只要課程、師資好，學習成效就會好；若其課程、師資安排不當，則光要求常態編班是毫無意義的。也因此曾屢次積極向教育部爭取適性編班，再因班施教，但屢被打回票，不受認同。形成一種做有利於孩子的措施卻違法，乖乖遵守法令則有害孩子的怪現象。其實中間的利弊得失顯然易見，但政府卻是年復一年視而不見，置若罔聞。

更令人難以理解的是，中央對這些不利教育的法令非但不修法，還變本加厲對地方政府做強烈的要求，依據《國民小學及國民中學常態編班及分組學習準則》，若學校違反本準則規定者，校長及學校相關人員依法令規定議處。除了校長被懲處，中央還要扣縣市政府精進教學計畫補助款，這些完全是不公不義，不重視孩子受教權益。

其實想做適性編班的校長都是有教育愛及充滿教育良知，十分用心的，但在偏鄉因小學階段的生態及學校型態的落差，造成孩子程度有所差距，若要實施常態編班，在行政作業上十分容易，但在教學上則很難兼顧學生不同的程度及差異；而家長卻會因學校未做因才編班而選擇越區就讀，使得學校單位左右為難。因此，這些用心的校長不得不迎合家長的期待來做少部分的安排，但其最後卻是得到被懲處及考績不得列甲等的結果。

雖然法令有分組學習配套措施：「依學生之學習成就、興趣、性向、能力等特性差異，將特性相近之學生集合為一組，實施適性化或個別化之學習。」即是所謂的分組學習。在準則中第八條也規定：「國中小之分組學習，以班級內實施為原則。但國中二年級得就英語、數學領域，三年級得就英語、數學、自然與生活科技領域，分別實施分組學習。以二班或三班為一組群，依學生學習特性，實施年級內之分組學習。」

亦即國中二、三年級可以進行跑班學習。

其實這些規定是很難落實的，因為只有二、三年級才可以實施，一年級若要依不同特性進行教學則只能進行班級分組，但如何去分呢？一班若分成兩組，一組是學科導向，一組是技藝導向，但若這一節是數學課，當然是數學老師來教，另一組誰來教？配套不足，這顯然是毫無意義的，所以應整體做檢討。

既然法令注意到這種困境與限制，為何不單純以不同師資、課程、進度來分即可，為何還要常態編班，然後又跑班，如此勞師動眾，徒增行政工作量而已。建議朝修正法令以進行「適性編班」才是根本之道。要進行有效的教學，成就每個孩子，應先做適性編班後，再做常態教學，而不是現行的先常態後適性。

常態編班常中輟，適性編班更合身

從民國五十七年的國民義務教育實施到現在，為求有教無類，只有強迫入學，卻沒有因材施教的適性教育，僵化的師資與課程結構，不管孩子的特性、性向、興趣、專長、能力，所有課程與師資都一起來，有興趣、能力的孩子就去學，沒有興趣及聽不懂的孩子就當三年的客人，既浪費時間、金錢又毫無效果。

對於常態編班這個政策，我認為，最基本的概念還是得回到《國民教育法》第一條與第七條的精神，要讓孩子身心健全發展，課程就應懂得配合孩子不同特性。正如我所說的，因為課程失當，加上緊湊，讓孩子被逼著學習；誤導家長只重學科；不分孩子資質好壞與興趣高低，所有人只能針對學科學習、學習、再學習，想讓孩子身心健全發展，讓課程回到《國民教育法》規定的宗旨與目標，真的難上加難。更嚴重的是，國中常態編班政策造成沒有適性配套，中輟不斷的謬誤一再上演。

試想，孩子剛入國小時如白紙一般，經過六年的洗禮，到國中階段，每個人的特性已能看出端倪，興趣成就已有所不同，所以國中階段應該要適性編班，而不是常態編班。然而，「常態，意謂著常常被淘汰。」這句話是諷刺太講究常態，卻養成學生沒實力，無法學以致用，因為在成衣教育式政策下的結果，導致每個孩子不見得能穿到合身的衣服。所以，因應每個人不同的興趣與能力，在國中階段更應該安排不同的課程，給予不同的師資，做適性的引導，讓學生學到合身的課程。這樣的課程設計，又怎麼會產生中輟生呢？

我認為，中輟生的產生，就是因為他不喜歡到學校，學校裡沒有他喜歡的課程。所以，在目前常態編班要求下，呈現的問題不是編班不常態，而是課程不常態，課程內容無法因應孩子的常態特性來調整改變，這才是常態編班教育問題的源頭。

過去，國小學生畢業後，就去當學徒，學成後士農工商，百工百業，戰戰兢兢，因為他們學到技術，也擁有良知。然而，現在的政策，讓孩子不分特性，通通強迫入學接受學科至上的課程，想讀書的孩子沒問題，但不想讀書的孩子受不了也只能乖乖待在學校。結果，孩子不只學科沒學好，竟然學徒也當不了，功夫沒學到，學科也放棄，最後還被貼標籤：牛頭班、中輟生、校安製造人，氣煞老師，忙翻學校！

加上教育部有事沒事就下鄉緊抓學校有否違反常態編班，讓現場老師既受干擾，無奈更困擾不已，最後也只能按照課綱規定，繼續重視學科考試，忽略教育主體的適性需要。過分強調學科的結果，造成不該讀書的去讀書，不該讀大學的也要讀，這樣的政策卻沒辦法解決常態不適性的問題，更糟糕的是全國統一樣板，大家照本宣科，依法行事。限縮孩子發展是罪過，沒有得到適性的發展更等於是壓榨與剝奪孩子的學習權。

從這幾年的國中會考可看出，都會區裡優秀與弱勢孩子的學科表現較為接近，好的平均八、九十分，差的也有六、七十分；可是，偏鄉孩子的學科表現差異明顯懸殊，好的平均是八、九十分，差的平均是二、三十分。這就說明了常態編班的成效，或許在都會區異質性小，所以常態編班尚可行；但偏鄉地區異質性大，常態編班只會造成許多人常常被淘汰。

我一直在思考「沒有因材施教，有教無類是沒有意義的」、「沒有適性，何以揚才？」這是國民教育賴以維繫永續發展的宗旨，也是解決這個亂象的關鍵所在。因此，我真誠建議中央教育主管機關，應該把問題源頭找出來，大膽撥亂反正，以謀求都會與偏鄉孩子間的適性差異需求。而不是讓地方政府花很多人力把中輟孩子找回來後，進行輔導寫報告，做檢討。然而，孩子不喜歡現有的課程，又會再度中輟，造成下一次中輟復學輔導再中輟的循環，這是教育投資不必要的浪費。

有些學生對學科沒有興趣，但是在體育、運動方面表現很突出，從事教育工作的我們就要當伯樂，發掘有特殊專長的學生，讓他們的天賦得以發揮。當老師及家長的我們要順應孩子的天賦，協助其順性發展，讓他們嘗試不同的學習活動，不要刻意把所有時間都放在同一個項目上。所以國民教育階段的體育教學應該是朝「多元化課程」及「社團」的方式去發展。

我不建議國小就設置體育班，因為小學生不要這麼快就界定他未來的發展方向，應該讓他們多嘗試、探索，找到他們的興趣與強項加以發展，到國中階段再予適性分流，屆時可以規畫較多時間去從事體育運動課程，加強技能的學習，這就是適性學習與發展。

過去學生喜歡讀書、有能力讀書的就去讀書，不喜歡讀書而喜歡運動的就去運動，愛做麵包、做工就當學徒、學功夫，大家都有一技之長，都有自己的謀生之道，士農工商皆有人從事。反觀現在都強迫入學，政府又沒辦法給予需要的東西，難怪愈來愈多的學生會中輟，往日的初中時代根本沒有中輟生，為什麼呢？歸咎最根本原因就是政府只有適性發展的「口號」，而沒有適性發展的「策略」與實踐。

國家財政困難，教育經費編列不易，再加上中央給地方的教育資源分配不均、城鄉差距等問題，我們更應該將教育資源妥善運用。中央政策要鬆綁、要有彈性，要能符合在地的差異，不要習慣以臺北看天下、中央看地方的思維做決策，才能讓臺灣的教育脫胎換骨。

我們必須去思考，學生適性發展到底需要什麼養分？妥善的規畫並投資師資、課程與相關教育設備。在少子化的現代，更需要重視這個問題，做到「量少質高」，帶好每一位孩子，提升教育品質，走精緻化教育路線！所以，政府就要趁少子化這個時機點，去真正落實適性發展的理念，唯有把每一位孩子教育好，才能讓國力變強，否則孩子長大後，非但無法從事生產，反而專搞破壞，造成社會的負擔，國家還要增加很多社會福利、救濟來處理這些問題，這是本末倒置的。

然而，國民教育是地方政府的事，幫嘉義縣孩子找出路是我當處長的責任，如果中央政府不能協助解決，嘉義縣就需要自立自強。因為，生在偏鄉本無罪，在地翻轉靠機會。現今國中分組以班級為單位是流於形式，不切實際的。為了讓偏鄉教育更有機會在地翻轉，一〇五年，我在嘉義縣忠和國中試辦分雙軌進行的適性編班，兩班正常上課，三班進行補救教學，由不同的師資進行不同的課程，並在課餘時間加入職業課程。我深自體悟，嘉義縣雖然窮，但我們的教育絕不能落人後，未來，我們唯一能翻身的就是靠教育。

不是有錢才能美，成就自然才是美

現今政府倡導美感教育，方向正確，但操作層面有待商榷。我曾感嘆，教育部推動美感教育，沒有考慮城鄉資源差距甚大的問題，都會區只要有錢就能創造美。然而，現今的困境在於，嘉義縣是澈底弱勢的縣市，因為許多社經地位高、經濟能力強且有想法的家長認為，這個偏鄉環境的資源沒辦法滿足他的孩子，而選擇把孩子遷移；留下來的許多孩子，多半屬於生活、經濟或學習等弱勢的家庭。雖然，苦不能苦孩子，可是在嘉義縣財政困窘的情況下，未來載送孩子參觀場館的交通費，不僅家長付不出來，地方政府恐怕也難以負擔。

由於偏鄉縣市沒有雄厚的財力與家庭背景條件，所以我們只能在好山好水的大自然景致中，創造「自然就是美」的教育思維與環境條件。由這個角度來看，中央應該針對都會與偏鄉的不同環境場域需求，以不同的思維和處理方式，而非曲高和寡，千篇一律，要能因地制宜，成就在地化的美感教育；因應孩子的特質不同，發展應有的美感素養。

另外，教育部著重在培養美感教育的師資、發展課程、辦活動，或是參訪美術場館活動等外在物質之美感，如果這種外在物質的美不能轉化成內心的美，是沒有意義的。鑒於教育部推動的教育政策是缺德的國民教育，基礎教育階段的孩子缺乏品德的美，因此，請教育部思考：透過推動美感教育的契機來扭轉此一亂象，回歸《國民教育法》宗旨與目標的規範來推展教育政策，「讓人心的美重新回歸到教育的正軌，教育的重心，而不是重視外在環境的美或是作品美的表象」。進一步來說，培養人心的美就是在培育學生自己能具有欣賞作品的能力，且擁有尊重作者的素養，對彼此之間、老師之間都能互相尊重，進而尊重欣賞大自然的美感與智慧，絕不是要讓每個孩子不能忍受沒有美感的環境。

教育現場所做的種種投資，終究是要回歸到孩子身上，才有意義。所以，美感教育應該是使每個孩子透過型塑與薰陶，使其成為藝術品。而老師的言行就像彩筆或雕刻刀，孩子能否成為藝術品，抑或是障礙物，取決於老師是否用心與努力付出。理想的美感教育歷程應該讓孩子擁有內心美，讓外人感覺孩子本身就是一件美的藝術品；孩子一旦有美的改變，人人就有良心，這個社會將是個處處洋溢人心之美的環境。

中央管共同科目，地方管專業科目

要翻轉國家社會的未來只能靠教育，而國民教育就是所有教育階段的基礎。我們應將國民教育定位在養成一個人終其一生的教育基礎，如果這個基礎穩固，能給予充足的營養，再加上適性發展，協助孩子適性專業養成，如此一來，必能提升孩子的競爭力，將來不但是「天生我材必有用」，更能達到人盡其才，快樂做自己的境界。

針對前述政策上的缺失，我提出幾項解決之道：第一、在共同必修科目部分，由中央政府來管。共同科目是指為人處事，人文素養這一區塊，每個孩子都要具備，不分男女、不分區域，全國皆有一套標準。中央政府應鬆綁授權，只要管考地方績效就好。第二、專門科目部分，也就是因地制宜的特色發展，由地方政府負責。唯有鬆綁，讓地方發揮，地方有壓力，才有責任，才能用心規畫，才能因地制宜，地方教育特色自然能發展起來。地方人因為有其發揮的空間才會留下來打拚，地方教育資源於焉形成，而現場老師與家長也才會遵從、配合地方的想法。

嘉義縣要如何發展，應該由我們來處理；嘉義縣孩子的教育素養如何，我們自己最了解。我們會因應在地的資源與方式來規畫，讓在地的孩子看見自己的優勢強項；若能讓認同嘉義教育的外縣市學生來嘉義縣就讀，那就代表我們辦學大成功了。

教育關鍵是師資，激發熱誠與價值

常言道：教育成效品質之良窳在於師資。從芬蘭教育經驗可知，堅持優質的教師素質，是教育成效提升的關鍵要素。易言之，中央政策面對師資的培訓、進用與相關配套，是整體臺灣教育實施成效的關鍵。站在使用者的角度來看，地方政府教育處長對中央制度規畫功過的檢視，對地方實施困境的解讀，從而提出懇切建言，將是創造中央政策與偏鄉地方教育品質雙贏的重要開端。

師培、教師兩法變革，造成師資文化衝突

自《師資培育法》與《教師法》通過後，校園文化衝擊可說不小。首先是《師資培育法》的部分，臺灣教育在民國六十八年公布《師範教育法》（《師資培育法》前身）後的時代，是一個公費生分發的概念，所有教師的培育及養成，最終都會分發到學校，是專才專用。當時所培育的教師個個訓練有素，國小現場又屬包班性質，所以國小師資畢業後都擁有合格證照，且每項能力都具備，是以人民對老師信任，相信老師是全能，因此老師在當時的社會地位非常崇高。

然而，民國八十三年該法轉型為《師資培育法》後，師資培訓的開放多元取代了專業與分發，儲備教師不但沒有經過專業培訓養成，只需修習教育學分後，經過檢定通過，就能化身為職場上老師。如此，師資的品質就變成公費分發與多元培育雙軌。因為養成背景不同，校園倫理文化上產生相當大的衝擊與變化，或許學生可以從這些多元師資身上學到更多元的素養，然而，過去教育賴以為繼的生活常規指導，卻受到挑戰，影響孩子學習。

再來是《教師法》的部分，自民國八十四年公告實施《教師法》後，對校園文化的挑戰更大。因為教師可以籌組工會，教師的見解如有不認同現場的校長領導與行政文化，就能參與教師組織來表達不同的看法，造成校長領導與行政推動上的衝擊，也導致行政與教學慢慢疏離。再者，由於教學與行政兩端意見難以整合，校長領導亦難上加難。

我的觀察是，上述兩法的實施，表面上是讓學習更加多元，然而實際上是教師文化變得比較複雜，教師間的言行舉止與價值觀衝突，使得孩子在價值澄清與判斷的學習歷程上，更加混淆與艱鉅。

教師考核難量化，申訴救濟輕過關

教育的主體是孩子，教學品質的關鍵就決定在師資。師資的養成，國家有一定的培育過程與檢定機制，可謂相當嚴謹，然而專業容易養成，但熱忱如何持續則與制度設計有關。要確保教育品質，在師資方面，除了專業知能外，熱情的保持才是最重要的。但檢視現行《教師成績考核辦法》，有規定辦理教師成績考核但卻落實不易，從其辦法第四條規定「教師之年終成績考核，若其教學、訓輔、服務、品德生活及處理行政等情形都符合第一款所列舉的八目之規定，才能考列為甲等，亦即所謂的四條一款。」然而上述之情形，究其文字實屬抽象字眼難以有具體評量的標準，導致學校評核考績時，大概只能屈服於四條一。而依據這些考核規定，就符合的程度不同而給予不等額的獎金，但由於這些規定很難具體量化，若無事病假或重大違反法令之具體行為，每人考績幾乎都是四條一，長此以往使得老師錯把獎金視為是薪水的一部分。因此若未獲考核四條一，老師便認定是薪水被扣，導致申訴案件不斷，而申訴制度更是問題百出，因為老師一申訴幾乎都是百分百勝訴。

究其原因並非每個申訴案都有理，而是申訴委員會的委員組成結構有問題，因為根據《教師申訴評議委員會組織及評議準則》規定，申評會委員由教師、教育學者、該地區教師組織代表、主管機關代表、社會公正人士擔任，其中未兼行政職務之教師人數不得少於委員總數三分之二，這些委員在審核老師申訴案件，一般都是基於同理心，而形成外界所謂的師師相衛，最後幾乎都是申訴有理，造成學校無法去落實考核的困擾。

既然制度如此，加上校長不願擔任所謂的「壞人」，擔心傷了與教師的感情。如此一來，非但無法淘汰不適任老師，也會感染不良效應，師資素質就會良莠不齊。這樣的現象如何去確保每一位孩子的受教權益，未來必須再重新檢視修正教師考核、獎勵及申訴管道相關辦法，否則想要成就每個孩子，將只是理想！

教勞角色難釐清，不以運動謀私利

《教師法》制定的目的為明定教師權利義務，保障教師工作與生活，以提升教師專業地位，其中第二十八條規定教師可以參與教師組織，即所謂可以籌組教師會。成立專業團體我們並不反對，但教師也應知道其權益應是由法律保障，而非透過特定組織來爭取。當法令明定的權利受損，應透過申訴管道獲得救濟，而非藉由教師團體利用各種方式來加以爭取。教師乃為人師表，在爭取過程若有不當言行舉止，將對孩子帶來不好的榜樣與示範。既然法令有教師組織之規定，我們當予尊重，但老師也應理性思考並善用組織功能。

依目前的規定，教師會分為全國、地方、學校三級，我認為分級太過複雜，就實際面應分兩級即可。因為學校類型大小不一，若存有教師會，在教學現場，有可能因行政與教學認知、立場上的不同而容易造成無謂爭執、困擾，甚至衝突；而學校是面對家長與學生，如此對於整個校園氛圍是不利的，也會影響教學，有可能養成沒有熱誠的老師卻斤斤計較的態度。如果有老師利用參加組織與學校形成抗衡，來爭取其所堅持的權益，則會產生校園不良文化，對整個校務推動與教學品質的確會有影響，因此不利孩子學習的制度應予重視檢討，建議未來能朝兩級方向來修訂法令。

而備受重視的勞動三法：《工會法》、《團體協商法》及《勞資爭議處理法》，讓此情形更加嚴重。由於教師列為適用對象，使得老師是屬於教師還是勞工的角色曖昧不明，為爭取權益，勢必會找對自己有利的法令來做解釋，這樣讓外界觀感很糟糕。教師本應專心教學，獲取學生尊重認同，贏得家長掌聲與鼓勵，這才是身爲教師之首要。至於福利部分，則應回歸法令的保障，有關申訴與救濟亦應遵循規定，而不應以社會運動形式在校園中發酵，如此對校園文化倫理將是不利的。

專任教練培育缺規畫，積分考核保績效

體育科目如此重要，卻為何常被忽略，在於該科目不考試，升學不考，就業不考，所以大家就不重視它。但好體力就是活力、就是國力，是教育的基本；學生有健康的身體，其他學科好才有意義。學生從運動比賽中發現自己跳也跳贏人、跑也跑贏人，這表示有高人一等的才華，就可朝這方向去發展，不但能強身，還可參加比賽，為自己、為家庭、為國家爭取榮譽，這也是一大有可為的發展之路，所以說行行出狀元。

話雖如此，但臺灣家長對於孩子從事體育運動仍抱持懷疑的態度，因為讓人看不到穩定的未來。重點在於政府對體育人才的培育欠缺完整配套的長遠規畫，電視上常看到許多運動明星有機會到外國去當職業選手，但這些人畢竟是少數。況且那多數的運動選手並不是國家資助培育的，大部分是個人、家長個別投資或向財團募款，最後卻被外國球團來挖角。

政府應該扮演更積極的角色，以提升運動員對國家的向心力。如果國家重視體育運動，有妥善的體育人才培育制度，完整的配套工作，讓他們有努力的管道與安定的

保障，才能讓體育培育工作永續發展，臺灣的體育才能更上一層樓。

目前國家對優秀選手的照顧僅訂有很難得到的高額獎金，但選手需要的不是獎金，而是能養家活口的工作。現在各縣市雖有專業運動教練的進用，但推動狀況卻不一。如果縣市財政充裕或首長有重視就會招考，如果不重視就停止，對於體育人才培育沒有延續性，斷斷續續沒有保障，導致選手或是家長都不敢貿然投入運動市場，因為看不到他們的未來。專任教練的角色與任務和體育老師的養成是不一樣的，體育老師是從事一般的體育教學，運動教練則必須憑專長、技術、成績、經驗的累積，專門來培育菁英選手。

其實，國家應建立一套儲備專任運動教練的積分機制，將可列為積分的各種賽會及單項運動予以正向表列，得到的名次、積多少分都加以精算訂定積分表。當一個選手積分達到一定門檻，則予以列冊候用，國家發予薪資；各縣市政府如有運動項目需求者，也可直接由名冊挑選，薪資待遇國家負擔一半，其餘由各需求縣市負擔。有這樣穩定的發展與保障，家長及運動專業人員自然願意投入體育運動，讓專長亦可獲得發揮與傳承，真正達到人盡其用。

成為專業運動教練之後，還必須持續有積分考核機制之配套，指導學生比賽得第一名積分多少，第二名積分多少……，列出考核標準，十年內若能達到規定的積分就續聘至退休，若沒有達到即終止合約。如此一來，在當教練的階段才會努力去培育選手，因有績效壓力，自然不會怠惰。所以，如果有這樣完整的配套措施，國家就不怕投資浪費。

這套制度如果能實施，對具有體育專長的運動員而言會產生激勵的效果。優秀運動選手都能留在體育界，國內的體育成績必能大幅進步，體育運動的風氣也會跟著蓬勃，那麼家長就會順應孩子發展的天性，放心讓孩子從事體育發展，為什麼呢？因為愛讀書者有工作，愛運動者也會有工作，那他怕什麼？他能養家活口，就能夠成家立業，這是家長最樂於看到的結果。

我建議的這種制度簡單易行，但遽聞中央的想法好像要朝向大批招考運動教練，我覺得這種做法非常危險！大量的招考一批，選上者固然高興，卻造成好幾年都不再招考，過於飽和的人員讓體育又斷層，如此問題不斷重複出現，卻沒有根本的解決之道。奧運金牌兩千萬獎金是看得到吃不到，有幾個人能領得到呢？高額獎金是不切實際的，中央主政者應該要有這個遠見，一直在制訂空泛白皮書只是浪費金錢而已。我認為只要政策與配套做得好，實際能照顧到運動選手，那麼臺灣體育運動的發展與成效是指日可待的。

一校一專任輔師，耗費偏鄉經費

學生輔導工作是重要的，政府也相當重視，因此誕生《學生輔導法》，其中第十條規定：「高級中等以下學校，國民小學二十四班以下者，應置專任輔導教師一人，二十五班以上者，每二十四班增置一人；國民中學十五班以下者，置一人，十六班以上者，每十五班增置一人；高級中等學校十二班以下者，置一人，十三班以上者，每十二班增置一人，並自一〇六年八月一日起逐年增加。」然而此規定是花大錢卻無效果，且造成人力浪費。

自一〇六年起各級學校無論學校規模大小，每校至少要有一位專任輔導教師，且此專任輔導教師無需授課。就本縣而言，大多為六班小校且學生人數少，依過去經驗來看，需專業輔導的個案有限，而一般教育性輔導，一般教師皆具相關知能，由其進行輔導即可，縱使有專業輔導的需求，也無需進用一位專業輔導教師來待命。

輔導工作固然重要，在兼顧需求與經費下，雖應設置輔導老師，但可視需求進用兼任或專任，或與專責機構、心理師、諮商師等專業人士合作，採特約制，若有個案需求可採巡迴方式進行輔導，按件計酬，不但實際也可以大大減少政府教育經費的負擔，但幾經建議教育部仍無功而返。

真正是「窮不能窮教育」，錢是要花在刀口上，教育絕不是花錢就能了事的工作，這是值得大家一起重視的課題。

原民籍師高門檻，甄選倘過異動頻

《原住民族教育法》第二十五條：「原住民族中、小學、原住民教育班及原住民重點學校之專任教師甄選，應於當年度教師缺額一定比率聘任原住民各族教師；於本法中華民國一〇二年五月七日修正之條文施行後五年內，其聘任具原住民族身分之教師比率，應不得低於學校教師員額三分之一或不得低於原住民學生占該校學生數之比率。」為照顧原民地區的教師，《原住民族教育法》於一〇三年修正規定，自一〇七年起，原住民地區學校師資需有三分之一原住民籍教師。

在此規範下，以本縣為例，現有原住民重點學校七所，若為符合規定，需於這幾年中甄選超過三十五位原住民籍教師以符規定，因此這些年也陸續送訓培育。此規定看似合理，但未必是對原住民教師的照顧。依過去的經驗，曾發生教師送訓，但通不過檢測，取不到教師證而無法滿足此需求的情形；縱使送訓檢測合格回校後，這些教師仍有可能會異動，之後還要再招考，如此師資的更迭未必對孩子是有利的。在本縣還能處理這樣的情形，若在臺東、花蓮等縣，因需求數大而要大量招考，師資素質勢必會下降，且招考多年後才有缺額再辦理甄選，如此對人才培訓的接續也不是理想的方式。因此，應根據實際需要加以檢討修訂。

正式師介聘雙軌常輪調，代理師正名專聘給獎金

在現行的介聘制度框架下，依照教師的積分及志願，讓老師介聘流動，可也使得

校園師資專長結構因為介聘結果而失衡。因為，學校的專長師資離開，現行的框架下卻無法保證能引進相同專長的教師進來，或是進來的老師可能不是原來的專長，造成學校所欠缺的師資專長永遠難以健全，導致教學品質難以落實。此外，更痛心的是，甚至有些老師可能認為，只要我不動，教育處或校長拿我也沒辦法，造成教師存在這所學校跟學生沒有很大關係，因此，教學品質難以要求，難以管理，這些現象跟孩子學習良好與否有絕對關係。

我常說：「教育的落差應該不是城鄉的落差，而是教師心態的落差，因為老師太有保障。」我要強調的是，現行的介聘制度是顧及大人（老師）的需求，卻忽略考量教育主體（孩子）需要的制度。這制度看似很透明、很公開，可是，教育主體是在孩子，應以孩子學習的權益為優先，唯有把孩子教好，才有學校的存在，也才有老師的介聘。

從我的角度來看，中央應該檢討或修改現行的相關介聘制度。然而短時間要修改制度太難，但解決眼前困境又迫在眉睫，因此我主張「師資介聘雙軌制」。第一軌就是順應現在法規規定，讓教師自由參加介聘調動，保障正式合格教師進退場權益；第二軌則是授權現場校長決定讓符合學校需要的非正式但合格教師入校，既符應師培多元開放的市場競爭機制，又能讓優秀的合格教師活用應聘，讓培育的非正式合格教師有流通的機會，不用擔心失業問題，更能刺激現職教師見賢思齊，共同成長。一旦學校出缺，只要正式教師退場，校長即可聘請符合偏鄉學校需要的專長教師進場。

這需要建立「教師輪調制度」來作爲配套措施，可以訂定教師在這所學校服務時間最長年限，幾年後教師就要輪動的制度，藉此調整「學校存在我就在」的消極心態，可以避免學校對專長教師的無盡等待，而正式教師聞風不動的異象。

如果不這麼做，我憂心現行師資逐步老化，未來教師到六十五歲才退休，屆時小型學校的教師年齡可能介於六十幾歲區間，不難想像的是，年輕的家長和孩子的生活文化、生理年齡與現場師資之間勢必存在落差，很難與其互動，造成教育品質的低落。

另外，針對正式師資遺缺的現況來看，在嘉義縣多數學校都非常仰賴代理或代課教師來補足現有正式教師遺留員額或課務。會形成這樣的趨勢，其實，是因為中央教育政策，如實驗教育三法，合理員額管控等規範所造成的結果。必須要面對的是，既然代理教師的存在已經是學校的常態，那麼活化與提升代理教師的師資品質，就是中央與地方政府必須共同面對的課題。

要怎麼做？我想，第一步是將代理教師正名為「專聘教師」，提升代理教師的合格專業形象，讓家長消除對代理老師的刻板印象。家長為何不喜歡代理教師？只要學校聘用代理教師一多，家長便會質疑這所學校的教育品質，這就是社會與家長對代理教師最大的誤解。原因在於，過去師範教育法的公費生分發年代，擁有合格證照的都是分發到各校的正式老師，而代理教師一詞就代表是一群沒有經過專業養成，只要學歷達標即可聘用的非正式老師，因當時也沒有其他合格老師可以聘用，所以，代理教師就是不合格、不專業、臨時性、流動性高師資的標籤，想當然耳，家長會對當時的代理教師教學品質有所疑慮。

然而，《師資培育法》多元開放後，現今的代理教師大多數具有合格教師證，有國家認可的專業知能。因此，透過專聘教師的證照，正式對家長宣告：這群教師是因應教學需要，由學校專門聘請進來的專長教師。既可讓家長明白其專業與重要性不亞於正式教師，更可讓代理教師大幅提升自我尊榮感。

第二步，增訂代理教師「績效獎金」，以求待遇合理與獎勵認真的老師。現行代理教師薪資低，有上課才有薪水，養家糊口不易，加上沒有考績獎金，不僅同工不同酬，認真投入無法反映在實質薪資上，當然流動性高。所以，可以比照民間企業績效責任概念，透過各種績效指標的訂定，如學科社團成績、參與校務績效等等，一旦達標即發放獎金。

這樣一來，學校績效提升家長看得見，再者，讓教師分級直接落實，又可以獎勵認真工作楷模。如此做法，短時間見效，投入費用低，既可刺激正式教師見賢思齊，又可消弭家長對代理教師的刻板印象，更能提升代理教師自我認同與工作投入，進而減少他們的流動，改善偏鄉既有師資的不良現象。

揭開課稅配套面紗，正視行政出走潮

自課稅配套實施以來，不難看見在教學現場中，教學端因減授加薪大呼叫好，而行政端卻勤務加重變相減薪，導致各縣市瀰漫「行政無人當，校長退休去」的風潮。然而「身在公門好修行」，個人對此趨勢的憂心與因應解讀，希冀藉此能讓吾輩教育同仁有所感悟。

我在現場的經驗是，「課稅配套」四個字真的帶給近來臺灣教育忙與亂，無窮的負面影響。先來了解為何有課稅？原本國中小教師不課稅，是因過去待遇不好，但國家對國民基礎教育的肯定，體諒教師為了教育國家幼苗，所以免除其稅，是基於國家對教師的尊重。

然而，時空改變，價值觀改變，讓所有人賦稅公平的呼聲高漲，因此軍公教人員也都應課稅。原本應屬於單純的稅務問題，如國防部的舉措，秉持課多少補多少的原則，不分職務階級，所有人一個月均補貼二千元，回歸至單純的薪資轉帳就解決了。但是，問題來了！教育部卻把課稅和教育生態綁在一起，讓教師課稅的結果，其四大配套破壞了教育生態平衡，將教育現場弄成春秋戰國，兵荒馬亂，只為因應軍公教課稅，既勞師動眾又勞民傷財，不但無法提升現有的教育品質，更擾亂了原本穩定的教育生態，影響孩子學習成效！

更糟的是，竟把校長配套給遺忘了！造成是變相減薪或懲罰。校長何辜？原本就有責無權的校長，經過此一戰亂折騰更是有口難言。雖經個人多次在全國局處長會議上反應，然教育部皆以沒有多餘之經費可勻支為由而遭否決，導致基層工作士氣大受影響，因中央的失算，竟要轉嫁給無辜的校長，真是滑天下之大稽。但願激情過後，教育部應誠心的思考補救措施，以落實所謂的公平正義，還校長們一個公道。

第一個配套是減授節數，增聘鐘點教師。這個配套破壞了行之有年，原本穩定的授課節數以及犧牲了穩定的師生互動時間，更增加學校外聘師資的流動。先說增聘鐘點教師的影響，這個作法將原本正式教師的教育品質，轉變成鐘點教師的品質。其次是增加勞健保費，將補助金額的一成勞健保費繳至健保局，原本不用花，現在卻馬上被打九折，白白浪費教育資源。又如進用身障人士機會增加，因為教師聘用人數增加，一旦達到百分之三十四，就需進用身障人士或繳交罰款，教育費用也因此白白流失，卻說沒經費補貼校長。再如因應頻繁的短期外聘師資招考，每日加退保業務等行政工作量的增加，更直接造就行政成本增加。再談減授時數的影響，由於兼任行政工作量增加，行政風險相對增加，純當導師卻享受更多的減課補貼，雙重贈獎，勞逸失衡，當然產生行政人力荒。

第二個配套是補充行政人力，課稅配套所衍生之工作量每校都有，然而只有九至二十班間的學校配有補充人力，並非每校都有，造成不同規模學校間行政人力的不公不義。

第三個是兼任導師減授又加薪，造成導師與兼任行政族群間的不公不義。除了每師減授二節外，兼任國小導師再減二節，導師增加導師費又減課，實質雙重受惠，兼任行政卻是變相減薪又工作量增加的受害者。

第四個配套是增置輔導人力，由於導師減課四節，使得師生互動時間減少，削弱了原本師生間密切的輔導關係，所以輔導效果低落，到後來，卻寄望增加經費聘請專任輔導人力或補助減免兼任輔導人力節數來提升輔導效果。在我看來，這個配套完全是本末倒置，吃飽換餓，讓本來一個人可以做的工作，卻讓好幾人做不好也做不完。

殷鑑猶為不遠，然而中央卻一錯再錯，又頒訂合理員額來試圖將過去二六八八鐘點教師、課稅配套鐘點教師，整合為一個固定師資，將班師比一．六五化為班級數對照表，固定幾班配屬幾位教師，之後聘請代理教師，減少師資流動並減輕行政工作量，稱之為合理員額，其實一點都不合理。

因為聘請固定代理老師此種做法，只是考慮其一，不考慮其二。以偏鄉而言，原本擁有專長的鐘點教師，因其專長無法切割，所以學校必須聘請多位專長鐘點教師以因應課程需求。然而，現有合理員額之規定，沒有考量單一固定教師無法具備多種專長，偏偏還規定要按人力資源網規範填報，造成偏鄉學校難以聘請進用鐘點專長教師，且按此標準，恐怕許多教室都找不到老師，所以我才會說，合理員額一點都不合理。而硬梆梆的規定造成地方政府主計人員不敢貿然發放薪資，嚴重影響授課老師權益，種種不合理的規範，讓六個縣市不願跟進而造成一國兩制之窘境。

總結課稅配套與合理員額這二箭，正造成教育投資的無謂浪費，現場教師薪資階級落差，行政投入成本增加，衍生兼任行政出走潮，外加師生輔導效率差，學校績效降低，教育品質反而無法提升。

此外，現場教師爭相當導師，行政工作沒人做，導致校長不僅在教育現場找不到人處理行政，難以要求行政品質與效率，更需承擔上述苦果，解決層出不窮的行政工作，加上無減授補貼卻實質變相減薪處罰，可謂「所得減少稅照繳，工作增加退休早」。最終，校長們只有感嘆「不如歸去」，衍生退休潮是必然的結果。更令我痛心的是，課稅配套措施所增加的教育投資成本與浪費，看得見的是短暫的金錢損失，看不見的是師生互動與輔導效果的損失，在在影響國民教育品質最為深遠。

本著「危機就是轉機」的想法，我提出最根本解決之道：

第一、重新檢討國中小教師合理的授課節數基準。判準的依據在於能否增加師生互動時間？是否提升學生輔導成效？以回歸《國民教育法》的宗旨與目標的規範。中央應該要去面對，邀請各領域、各階層的人士出來討論如何解決，不要中央設計好再套用於各縣市實施。

第二、把未來增加的節數鐘點費直接發放給老師。超乎現行授課標準就給錢，上課多少就補回老師多少。

第三、減少外聘師資。讓教師流動更少，家長更安心，簡化行政作業量，如：降低薪資給付、加退保與招聘作業的時間與人力成本，藉此提高教師兼任行政的意願。

第四、思考弭平加稅問題所引發的導師與兼任行政、教師與校長間的薪資落差。不要因加稅問題，間接懲罰優秀行政人力與學校首長。

一縣市一場地，培訓志工補人力

想讓體育發展活絡，當然就要讓選手常有表現的舞臺，讓他們有大展長才的機會。在學校有會考、段考、期末考、畢業考，所以會讀書的孩子有表現的舞臺，就會有成就感；相對於運動選手也要常辦比賽，讓他們有機會成為鎂光燈的焦點。有些人可能考試輸別人，但在運動場上他就是英雄，在大家的掌聲下建立起他們的自信心及成就感，所以賽會是一定要規畫辦理的。現在全國性大型的運動賽會有全中運、全國運、全民運、全大運。全中運是國高中的全國學校體育比賽，每年辦理一次，比賽成績可提供為未來升學依據參考；全國運是競技性的社會體育，目前是每兩年辦理一次；全民運是休閒性的社會體育，每兩年辦理一次；全大運為大專校院最具指標性的綜合性運動賽會，每年辦理一次。

至於各賽會要辦得熱絡、有水準，要如何進行，我個人的想法是：競技型的全國運動會必須每年辦理一次，恢復到民國八十七年的臺灣區運模式，讓選手每年都有展現長才的機會，才能有累積積分的機會。民國八十七年，當時我在臺南縣當體健課長辦理末代區運，之後區運走入歷史，接著轉型為一年辦理全國運動會，一年辦理全民運動會。但轉型後，對競技型的體育選手而言，無疑雪上加霜，以往一年表現一次，現在則是兩年才表現一次。我們都知道運動技能必須長期訓練才能保持一定的體能與水準，由於舞臺變少，期待也變少，自然而然投入運動市場的選手就變少，所以大部分的人都選擇放棄，另謀他途，因為在目前的臺灣社會是無法完全靠體育運動來維持生計的。

全民運動會是屬於比較休閒性的運動，政府不需親攬，可交給單項委員會去辦理就好，也不必投入太多財力物力，但還是可以每年辦理，因為讓選手有表現的舞臺，有助於全民運動風氣的提升，若是兩年才比賽一次，選手們會非常失望！所以我認為不要輪辦全國運與全民運，而要每年都辦，這樣對臺灣體育技能與運動風氣的提升才有助益。

之前大家都搶著向中央爭取辦理全國性比賽，為什麼呢？因為那時經費充足，縣市政府一旦爭取到，第一、可以藉著大型活動行銷自己縣市；第二、可以利用這筆補助款充實整理縣市的場館設施，簡單來講就是「有嫁妝」，所以大家搶破頭，無所不用其極的想要爭取辦理的機會。

大家之所以熱衷辦理這種大型的運動會，是因為欣賞比賽的觀眾很多，除了主體運動賽會之外，周邊還搭配著縣市特色的藝文、傳統技藝、農特產業展覽等等，熱鬧非凡，像極了一年一度的嘉年華會。

曾幾何時，如今為什麼乏人問津，每年還要中央去拜託縣市辦理呢？主要原因是補助經費不足，中央固定給四千萬或六千萬，不足額部分由縣市政府自籌。對於窮縣來說，三餐已是捉襟見肘，哪來多餘的錢呢？所以窮縣市大多無法「自籌」，只能「自愁」。而這不足的部分幾乎都是上億元的，我想除了六都可以舉債辦理之外，其他十六個非直轄市幾乎沒辦法負擔這筆龐大的支出。中央應該重視這個問題，去檢討為什麼沒人想辦？國家如有誠意，重視運動，就應編足經費，以鼓勵縣市承辦，才是為政之道。

另一個做法就是不採用輪辦，由中央來主導，比賽場館固定，每年都編列預算，逐年去修繕，讓場館符合國際標準，提高其設備及安全性。只要場地固定就不用花大錢，而且場地每年都是最新款，對選手、對各縣市來說都是最好的做法，不然比賽後就收起來不用，任其敗壞或荒廢，反而造成資源浪費。

跆拳場地固定在哪兒？球類比賽場地固定在哪兒？依據各縣市較具傳統性的運動項目來規畫場館位置，讓它成為該縣市的運動特色。以嘉義縣來說，角力是嘉義縣的強項，那就把角力比賽場地設在嘉義縣，觀眾一想到角力就會想到嘉義，要比賽就會往這裡來，自然就形成一種地方運動特色了。只要師資、設備、場館都到位，對地方縣市未來運動的推展就有順水推舟的效益！

臺灣二十二個縣市都可評估設置符合國際比賽的場館，如此一來，每年每一個縣市等於都在辦理全國運動會，全臺灣各縣市都有比賽場地，遍地開花，全民的運動風氣自然而然獲得提升。

我認為政府只要政策推動得當，配套做得好，大家都會看到國家對體育運動的重視，場地設備符合標準；選手比賽不容易受傷，對選手不僅是一種尊重，對於成績提升也會有實質幫助。

再者，辦理全國性運動會的縣市需要耗費一至兩年時間籌備，以往大多是現職老師及公務人員臨時倉促成軍來辦理，大家較無經驗，因此容易出現瑕疵，成果當然就不那麼專業。大型賽事需要動用的人力相當多，因此除了現職的學校及公務人員外，就需要體育志工的協助，我以擔任臺南縣體健科長辦理區運的經驗來做分享，談談臺南縣體育志工的組織與運用經驗。

臺南的體育志工團隊是在民國八十二年成立，那時是為了辦理區運而設立，至今已有二十多年，人員雖有更替，但大家感情都很深厚，可算是因任務關係所建立的革命情感。工作時，無職位高低之分，同甘共苦，雖然忙但都很開心，凝聚力相當強。區運辦理結束後，組織不但沒有解散，反而規模愈來愈龐大，於是我將這些伙伴列冊並加以組織培訓。由於這群志工辦理全國性比賽的經驗相當豐富，所以接到活動馬上就可以動員起來，並駕輕就熟的運作。

如今大部分的伙伴都已退休，但還是離不開這個團隊，後來大家就出錢租一間辦公室，作為感情聯誼共同的家，一有活動比賽就成為執行總部。由於志工團隊非常有經驗且各具專長，默契良好，因此開會次數不用多，皆清楚知道如何運作及分工，高效率又有品質，省下不少代課費。對這群志工而言，是能量與智慧的再運用，退休價值的再展現。幾年下來，除了退休的人員，慢慢的也有年輕一輩的加入，這是很好的經驗傳承。

我來嘉義縣五年多了，一有空就會到學甲服務處和他們聚聚聊聊，就像是我第二個家，到那裡有時會遇到許久不見的老朋友，每次都會有不同的驚喜。這樣的感覺很好，體育志工的運作若能加以善用，對於臺灣體育未來的發展絕對有相當大的幫助。

倡導關懷，喚回教師內心價值與美感

儘管中央教育政策與法令的實施與管考，是引領地方教育品質的提升或沉淪的主因，但在法令框架的侷限下，讓現場教師積極展現價值觀與熱誠使命才是關鍵，正如我常說：「教育品質的關鍵在於教師」。

這六年來，嘉義縣每年教師節敬師卡賀詞皆由我親筆操刀，我相信任何階段的教育要做得好，關鍵在於師資，每一位老師都要優質。也就是說，國民教育是各教育的基礎，而國小教育區塊的孩子就像張白紙。現場的教師給什麼，他就接受什麼、吸收什麼。所以，教師給的訊息愈正確，未來，孩子的行為愈能合符常軌，一旦個性穩固了，基礎教育穩固了，隨後的高等教育也才能穩固。

然而，我要強調：教育是志業。教師要有使命感，要將孩子視如己出，要體認「我真正的喜悅是來自孩子們的成就」。讓他們從不會到會，導正改變他們的行爲，從中找到他們的亮點，成就每一位孩子。最後，桃李滿天下，造福社會，這才是老師成就感的所在。為了在這個屬於老師的節日裡，能夠喚起嘉義縣教師的使命感，所以，每年的敬師卡內容皆由我親自撰寫，就是以此有感而發。

今年嘉義縣教師節賀卡，我期勉所有老師在教師節這天能體悟到「每個孩子都是經過我們精雕細琢的藝術品，他的價值，就決定在我們的努力與付出」。希望透過這張小卡，首要，能夠喚起老師的內心美，以身作則，陪伴傳承。再者，讓孩子能有美感，讓人喜歡他、接近他。最終，創造社會美感價值，激發更多願意創造這些藝術品的老師，讓師生都是有良知、有情感的人，造福社會的人，讓這世界更美好。

四、嘉教翻轉

嘉義縣政府
教育處處長王建龍
佈達典禮
時間 100年7月1日(星期五)
上午10時
地點 創新學院大禮堂
INVITATION

adidas

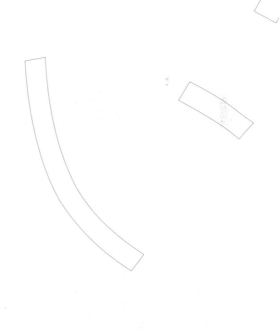

第五部

龍之展望

I 堅持有爲，看見教育心視界

最高價值的教育理念只有一種，那就是成就每一個孩子。
如何讓每一個孩子學以致用，是教育的最終目的。

人在公門好修行

我曾在LINE的動態分享裡談到：公務生涯中，我始終抱持著交朋友的心情來處理公務。雖然公務體系有科層制度，但我當科員時，對長官有倫理；做主管後，將部屬視為兄弟姊妹，絕不會因為我擔任處長，就姿態高高在上的對待屬下。我的態度，一路走來，始終如一。

我認為，自己不管擔任哪一個職務，身邊的朋友都會與日俱增。或許有人覺得如此是否會形成公私不分，但我不會不分，反而讓效率變得更好，自然形成一個高效能的團隊。團隊中，大家都有事做，且都歡喜去做。因此，經過一個事件，完成一個活動之後，隨之也多結識一些人，這些人不只是認識，更變成了永遠的好朋友：包括我到嘉義縣接任教育處長五年多來，結交了不少推心置腹的朋友。更不會因為人在嘉義，就忘了昔日臺南共同打拚的好朋友。雖無財富田產，但不論到山上或海邊，好友處處相伴，吃飯、敘舊，好不逍遙！

在公務部門裡，我始終秉持著「認識人卡好認識錢」的信念，不擺官僚，耍官威，更不屑「官大學問大」的行為。也因此緣故，有人曾對我說：「再高的職務讓你做過都變成毫無價值。」意思是說：「你看起來完全沒有一般處長的威嚴，你講話沒有一般處長官僚。」

擔任公職生涯至今體會最深刻的一句話是「人在公門好修行」。回想當初之所以要考公職、當公務人員，就是曾經被公務人員糟蹋、為難過。我曾從事代書服務工作，為了討生活，常要處理幾種書類填寫的服務案件，送件時遭到執事人員百般刁難，一字不對，一畫不對，這不對，那不對，在他眼裡好似通通不對，其態度讓人覺得就是故意刁難、找麻煩。

在公務體系裡，我們是替人民服務的公僕。既然是公僕，主人有需求，就要尋找適切的法令去協助；主人有困難，就要幫忙排解。然而有些公務員會拿著雞毛當令箭，以一些微不足道的細節為難他人，讓人來回奔波，甚至要人曲意巴結、討好。

最好的修行在公門，的確如此。有人認為「修行就得去吃菜（素），交朋友就得去結拜」，但我覺得不用這麼刻意執著於形象，只要把自己的工作做好就是最好的修行。當老師的，把書教好，把孩子教好；做校長的，把老師領導好，將校務推動好；做處長的，把處務管理好，把教育方向掌握好，這就是最好的修行之道。

常有人笑我傻，說我都在照顧別人家的孩子，沒時間照顧自己的孩子。但我覺得我哪有傻，我照顧別人家的孩子，我的孩子卻是天公在照顧，天公照顧，一定比我還厲害。人啊！「千算萬算，毋值天一畫。」所以，我哪有傻！人世間就是「巧的吃傻的，傻的就去吃天公，天公總是疼傻人。」這句話確實有它的道理在，更在我的身上得到驗證。我煩惱別人的孩子，讓別人的孩子沒煩惱，但是我的孩子老天爺也把他們照顧到讓我沒煩惱。我們真心付出，老天爺一樣會把這功德回向給我們，所以我認為我不傻，更沒吃虧。

教育是無價的志業

我認為教育工作和一般行業不同。一般行業，例如要造一條路，如果沒鋪好，明年可以全部刨除再鋪一層就好；若是路上塌了一個洞，把它填平補實，隨時都可以做補救。但是教育工作，時間一過就不能重來，國小或國中一畢業，是不可能再來一次的；而孩子品性、行為變壞，想要再變好，就會困難重重。

教育是在做功德，而且必須按部就班，不能前後顛倒。例如：先顧學科，再顧品性，這就是本末倒置，前後顛倒，我認為「教人和教學是同時進行的」。政府拿錢讓我們做功德，這是再好不過的事情。因此，踏進公門，老天爺給了我兩樣東西：第一個是考驗，第二個是機會，而我通過了許多考驗，也把握住每一次的機會。

來嘉義縣擔任教育處處長，有我想要做的事情和改變，也許其中很多的想法和當時團隊的同仁及學校教師的想法不一致，甚至和現實法令規定相衝突，但我始終抱持只要對孩子好，就要努力去做，堅持到底，不輕易放棄。也因為我的堅持，最後爭取到很多反對者的認同，這也算是另一種形式的成就感。

教育確實是在做功德，我一直在做，也帶領大家一起做。我們不只做了很多創新的教育作為，嘉惠嘉義縣子弟，同時也把過去某些不好的觀念給導正過來，而其間也發生很多感人的故事。從事教育工作的人，隨著時間的遞移，年資的遞增，如果沒有辦法累積故事的話，可以說一定沒有用心在經營和看待這份志業。

雖然擔任處長之後變得更加忙碌，不只要帶著團隊主動且穩健的推動一些教育作為，還有許多事情等著我們一一去面對和處理。其實有些作為和改變，我不去做也可以，照樣領我的薪水，過我的日子，但我沒有做這樣的選擇；我選擇被罵、被質疑，然後換得好的改變，我覺得這是疲累之餘，還可以感到安慰的地方。

「生在偏鄉本無罪，嘉教翻轉靠機會」，只要是能給孩子機會的，我認為都是對的。只是在不同學校，不同孩子身上，可能會有不同的績效。孩子在國小階段，如果老師從頭到尾很認真的教他東西，六年就是學六年的東西，甚至學七年的東西；若是不按部就班，偷工減料，尤其偏鄉地區人口少，沒人照看，沒人關心，孩子可能學得少又不知其所然。六年下來，如果把偏鄉孩子學得的東西放在磅秤上，秤起來可能沒有城市孩子在校學所得的十分之一，說起來這樣是對不起偏鄉孩子的。

因此，我們應該想辦法讓老師在不同的環境中教學，都可以產生同樣的效果。換句話說，礙於限制即使我沒辦法教他這個，但我可以教他那個。期望每個孩子所學雖不同，但最後放在磅秤上，總重量是一樣的。這就是我目前正在做的教育翻轉。

遺憾的是，大家的配合度沒有我的想法那麼快速，時常要花很多時間和人溝通，向人拜託。就像異地遊學，這是混齡的概念，也是跨校的概念，參與的兩個學校跨校學習各一個星期，加起來共有兩個星期的跨校學習經驗，雖然時間是短了些，但畢竟刺激不同。不一樣的學校，當然有不一樣的生態。

嘉義縣有山也有海，若能進行山海異地遊學，不僅彼此可以分享不同生態特色，不同學校的孩子在一起學習之後，更能對照出學生程度的落差；而老師也能藉此相互刺激和交流，想想自己那樣教，看看別人這樣教，我相信這對老師教學的精進是有所助益的。

在學科以外的社團，也可以透過異地遊學進行交流，彼此分享在社團中學得的經驗，更可以在實際的操作中體驗不同社團內容的樂趣。

此外，異地遊學也可訓練孩子如何做主人和當客人。你來我的學校，我是主人，你是客人，我可以學習如何善盡主人接待客人之禮；我去你的學校，我是客人，你是主人，彼此角色互換。給孩子這種不同角色替換的體驗，不僅孩子可以多交些朋友，只要有用心執行，就連家長也可以結合在一起。異地遊學的收穫，我想是很難用文字來形容的。但能否把好的教育理念具體實踐，還是得看教育現場老師們的接受度，能否在理解之後用心安排，是成功的關鍵。就像美林國小和新岑國小、太平國小和好美國小的異地遊學，透過學校用心且實在的安排，孩子拓展了生命經驗，就連家長也好感動。但經費有限，要讓異地遊學成為常態性有其難度。

除了異地遊學，混齡教學的實踐是必要且具價值意義的。未來小班小校會愈來愈多，尤其在偏鄉其成長速度更是驚人。如果目前老師沒辦法突破教學的困境，學習混齡教學的技巧，恐怕未來孩子素質和教育品質的下降會更加顯著。

在偏鄉，可能會遇見不用心且缺乏熱情的正式老師，因為正式老師有保障，反而讓孩子變成沒有保障。要去改變正式老師是有難度的，所以嘉義縣現在開始實行混齡師資的培育，希望能培養三、四十個混齡師資，未來只要學校實施混齡教學，要介聘或甄選老師，其先決條件就是要有混齡教學的經驗。

混齡教學並不難，像補習班一到六年級全部都收，就是一種混齡教學，而且極具成效，甚至能做到有口皆碑。

對於這種教學方式，我想重點是老師願不願意去學習成長，去做教學上的改變，還要引導高年級去指導中年級，引導中年級去指導低年級。我認為，在偏鄉小校，混齡教學是一個很好的教學模式。

在混齡教學的互動模式中，生活教育和品德教育都可以從中建立，學會互相尊重，相互包容，學長姐教我們，我們要尊重學長姐，相對的也會想要多學一點來教學弟妹，成就感就這麼一點一滴的產生了。如果能好好運用這種模式，老師的教學可以變得很輕鬆。

除了國小混齡，我們也試著把國中小混齡。去年，大埔國中及大埔國小整合為大埔國中小，國中小的師資可以整合流通，國中的老師能支援國小，國小的老師可支援國中，這對小班小校是很需要的。因為偏鄉學校，除了師生互動少，同年級學生同儕互動少，老師沒有競爭合作氛圍，加上家庭教育功能不彰，沒有補習班或安親班，社會教育資源也欠缺，最重要的一點是專長師資不健全。因為人少、節數少，要專聘一位英語老師有很高的難度。即使有，把一個老師調過來這校，另一個學校就沒有了。由於國小是包班的概念，只要補滿，有專長的老師就進不來，所以偏鄉的專長師資難以健全。

因此，我們必須做整合，把國中小融在一起，讓專長教師可以流通，相互支援。而我要做的就是去扭轉偏鄉的劣勢，能做到的馬上做。因為教育制度就這一套，可是運用在不同生態環境中就有不同成效上的落差。許多教育政策就對小班小校很不利，而這也印證了「人多好吃覓，人少歹煮食」的道理。

在教育現況中，想完成的作爲

眾所周知，偏鄉教育最令人擔憂者，莫過於師資之不穩定，流動性太大且素質差異性亦高，導致品質難以提升。因而有人倡導培養公費生、限制服務最低年限、改善宿舍環境、提升待遇福利加給等等諸多誘因，只為偏鄉師資能有所改善，用心可謂良苦。但徒留其人，而未能留其心，只是枉然，對學生是毫無幫助的。有時反因師資長期不流通而遭其害！教育品質之好壞不在人力之多寡，而是在於有否用心。

因應偏鄉師資需求，其實，應由師培機構針對偏鄉生態之師資所需開設「偏鄉師資專班」，專師專用。由於報考人已先了解未來服務場域的生態，會較有認同感，才能安心從事教學工作。

分發至學校後，規範其應在偏鄉地區學校實習服務六年，且薪資、待遇福利及保障皆比照正式老師，每年由校長考核其服務績效，如有六年的服務優良證明即予以正式任用，而配套措施是如有連續兩年不優良即予解聘之退場機制。正式聘用兩年後即可參加一般地區學校之介聘。

其次，如果能再搭配績效獎金之設計，那效果就更棒了。以其所任教學生之學習成績表現訂定獎勵標準，不論是學科或是其他社團參加比賽之成績，只要達到所定標準即核給獎金。

這樣的設計，其實既簡單又明瞭，且具體可行，老師個個自然是主動又積極，根本不需太多的管理，真正做到以學生學習為主體。相信每位老師歷經六年的績優表現，應可延續其往後教職生涯之專業與熱誠。至少在這為期六年的實習試用期間，老師之教學或協助校務推動一定是配合度百分百。說實在的，師資的用心才是偏鄉教育最大的保證。

學校每週的學習時數是固定的，所以課程內容的設計安排是否適當，就關係到學生之所學是否有效。課程內容之多寡、難易，適性與否，有否均衡猶如每日飲食菜單，關係到食用者之營養均衡與其身心健康，所以應有定期檢修之機制，乃不至有所偏廢。

而實施課程教學與指導的師資，是否能勝任與用心，又是最大關鍵。師資與課程之安排結合要做到英雄有用武之地，教其所專，學而有效，但以現行之設計規畫，既僵化又缺乏彈性，實在很難做到教學正常化，再加上過度重視學科，避免不了有不當之配課現象。這樣的結果，不但造成了五育難以均衡發展，同時也忽略了不同孩子個別的適性發展。

如果未來的教育改革能將現行的師資安排，開放為雙群師資：主要學科由正式老師來任教，其他領域如：品格教育、輔導工作、生活體驗、社團活動，則可開放民間經認證合格之相關機構或個人來實施，學校並可依表現做擇優汰劣，相信成果必會優於現在某些課程必須由老師來兼代或所謂融入教學。

如此改革，不但師資更為專業且更有經驗，教學效果一定更佳，而之前的不當配課，必然消失不見，老師也不用一個人身兼數科，學生學習的成效必然大幅提升。可見，只要課程安排得當，學習效果必當如期收效。

雖然說法不一，但最高價值的教育理念只有一種，那就是成就每一個孩子。如何讓每一個孩子學以致用，是教育的最終目的。不論孩子的資質如何，我們要做的就是讓他們能夠被成就。國父曾說：「人類聰明才智有三種，先知先覺、後知後覺、不知不覺。聰明才智越大者，當盡一己之力，服千萬人之務，造千萬人之福。聰明才智略小者，當盡一己之力，服十百人之務，造十百人之福。至於全無聰明才智者，當盡一己之力，服一人之務，造一人之福。」把自己的工作做好，不要去依賴家庭、父母，甚至是社會，製造社會成本，若能如此，這個社會的許多問題便可迎刃而解。不論聰明或不聰明的學生，不論是資優生或後段班，每個人都做好自己的工作，如此一來，國家必定富強。

在教育過程中要涵養學生服務的道德心和同理心。時時反思自問：我若像你那麼聰明，我會怎樣？我若是傻瓜一個，我該要怎樣？我認為做好自己的工作，扮演好自己的角色就對了。所以，教育的功用就是讓孩子發現自己的才能，之後給他發揮的機會，甚至要有激發他潛能的機會，讓每個孩子的才能得到極大化的發揮。

老師多用一份心，孩子就會多一些改變。所以，如何讓孩子變得更好，這是每個老師的責任。孩子本身是沒有問題的，就像我庭院中種的樹木一樣，我的樹不是買回來就很美，是我依照它們的形狀和長相雕琢，要讓它高，讓它矮，完全看其特性而定。但高有高的價值，矮有矮的可愛，各有千秋，個人的喜好亦有所不同。

所以，老師的態度觀念極為重要，身為教師要常反思：我是不是把每個孩子都視為未來要雕刻作品的材料？透過老師的言教和身教，不放棄每個孩子，引導他們去尋找專長、興趣和能力，然後給他發展的機會。這其中涉及配套措施，如何適性編班，適性發展，有不同的師資，有不同的設備。我知道這雖然只是個理想，但是可以做得到的，只是政府不願意去面對。

過去的教育制度不知道是根據什麼道理設計出來的？國中三年，人人都是一樣的課程，到高中再分流，造成投資浪費、人力浪費，孩子落後的能力也挽救不回來。如今我們的人口日益減少，少子化現象嚴重，因此任何一個孩子都不能被忽略或錯過。不像以前，若生五個孩子，表現不好的一、兩個不要緊，現在只生一個、兩個，這兩個都一定要是最好的，不然未來這個家庭要靠誰？政府稅收從哪裡來？我現在擔心的不是企業出走，扣不到營業稅，而是政府連個人綜合所得稅都扣不到，21K和22K都是貧困低收入戶，政府還有所得稅可扣嗎？

這部分真的很重要，不只要讓老師知道，還要身體力行。從師資培育的養成過程中開始涵養這樣的態度，並且維持到教學現場，讓老師永保最佳狀態，一本初衷，就能創造偉大人物。但這些靠鼓勵成效是有限的，必須要用制度來引導管理才有辦法。現行的考核機制是無效的，因為大家幾乎都是四條一款，通通有獎！我認為如果可以將考核轉成績效獎勵制度，就是依孩子的學習績效來給獎勵，相信在制度的配套下必能確保老師的熱忱、良知與良能。

但目前公務預算是無法編列獎金的，如果有民間企業願意捐助獎勵金，我想我一定會讓每個孩子都很「精光」（爭氣），個個都不需要接受補救教學。我訂的標準是：假設班上有六個孩子，每個孩子某一科目都通過八十分就給教師績效獎金。如果四個考一百分，兩個未達八十分，這樣就沒獎金，必須每個孩子都過門檻分數才有獎金。所以老師就會把時間放在那兩個未達八十分的學生身上，讓他們能考到八十分以上。如此的運作，哪裡會有後段生？又何需補救教學？至於前段生就不用費心煩惱，因為他本身基礎就相當良好了。

偏鄉教育心希望

面對大環境的客觀事實，嘉義縣在教育發展上面臨的主要困境有二：第一是有限的財源，第二是學校的類型、大小落差很大，而且小班小校偏多。因此，要讓每個孩子都有機會接受良好的教育，制度一定要修改調整，並突破法令上的限制，因地制宜、客製化，讓縣市政府有更多的自主空間來做教育上的變革和翻轉。

當務之急必須讓法令可以澈底鬆綁，或者是制定專法，例如偏鄉教育的專法，針對師資、課程、評量、人員進用、獎勵、經營的型態、組織的型態、行政的運作……，可以完全開放授權，我想這樣才可以讓偏鄉小校的孩子有翻轉的機會。

當前的法令規定，我們不能不遵守，但遵守了，卻可能對孩子會有不利的影響，但對孩子有利的做法卻可能是違法的。在相互矛盾之下，迫使老師無能，專業難以發揮；也導致孩子虛度光陰，學不到東西。所以這些都需要努力從現行的法令上去鬆綁、解套，甚至制訂專法。有不同的生態才可能有不同的做法，也才能把每一個孩子都提升上來，使每個孩子皆有成就，不會讓寶貴的六年學習光陰空轉。唯有如此，才能對孩子及家長有所交代。

不同的生態會有不同的物產和環境特色，在山區有山產，在海邊有海產，每個地方總有不同的特色特產，可以去做分享。孩子們在地方涵育了九年，到高中職後，就可以利用這特色去交流，保持原有的優勢，至於弱勢之處，在不同環境中再去補強增能即可。我們不可以讓孩子輸在起跑點，該給的不給，卻去拚一些不是我們的優勢能力，就好比我不會唱歌，叫我去參加歌唱比賽，保證抱不了獎盃，這道理是一樣的。

所以未來不只嘉義縣，只要是偏鄉小校，政府就必須更加重視。在嘉義縣五十人以下之國小達三分之一，一所學校一年一千五百萬左右的預算，雖然有那麼多老師去教，但學生整體的學習表現卻難以提升。如果說，把這一千五百萬給五個老師領，這五個人負責教會這些孩子，並制定目標，只要學生能力表現達到目標，每位老師一年可領三百萬，我相信這五個人都會很拚命，每個孩子的學習成效也一定都可以達到預期的目標，甚至是超越預期，真的是所謂「教育無他，金錢與手段而已」。

反觀現在，一千五百萬的預算，有十多個老師分而領之，效果只有一般般；如果一千五百萬的預算，分配給五個名額，相信路途再怎麼遙遠，也一定有很多人搶著要去教。足證同樣的成本，不同的經營模式，就會有不同的成效，甚至可以不用再核派校長了。但是這樣的想法在當前的法令和相關規定中是沒辦法實現的。

很明顯的，城鄉落差是制度僵化製造出來的，但我想這也是可以透過客製化去做改變。如果可以實施「雙軌制師資」，就是將正式合格老師和合格非正式老師（代理教師）雙軌並存，我相信教育品質會有所改善。目前學校都以正式編制為主，代理是不得已的，如果可以授權校長去決定，正式老師有幾名，其餘都是取得教師證的合格代理老師，透過這個管道，讓師資培育機構培育出的很多優秀老師，可以有機會進到學校服務。不僅師資年輕化，更可以篩選出有教育熱忱的教師，刺激正式老師在競爭中不斷去精進自身的能力。

現階段要去為正式教師的改變而修法，那是不可能的，因為現場已養成不少既得利益者。但上述的構想是可以透過管控，透過校長對師資的管理來實現的。若此，不僅校務領導管理容易，也可以改善師資專長不足的問題（代理老師的缺額就可以選擇那些專長教師），更可以對師資體質做整體的改善，孩子的教育品質也可以隨之獲得保障。

我相信未來可以這樣做，縣長會支持，教育部也不該反對，不論用何種方式去管控，只要教育品質不斷提升即可。現在大家對代理教師的印象認知不好，其實是「代理教師」這個名稱不好，給人的印象是臨時的、不專業、流動性高。應該予以正名，可改為「專聘教師」，薪水可領一整年，並得永聘，表現良好的再發給績效獎金，這樣教師流動性過高的缺點就可以加以改善。

如此作為對孩子是好的，但政府為什麼不做呢？為何只說代理不好？如果可以修改法令制度，代理教師沒有考核獎金，那就給他績效獎金，我相信他一定會盡心致力於教學工作。面臨少子化減班超額嚴重，有很多縣市已經好多年未辦理教師甄試，久而久之，師資就會高齡化。如果嘉義縣未來可以這樣修正調整，師資高齡化即可獲得紓緩，師資體質亦能大幅改善，孩子當然就有福了。

教育行政首長應該做的事

我常對校長們說：好話不嫌多，該講的話還是要講；好事不嫌少，該做的事還是要做。凡事順勢而行，逆來順受，則百戰不殆；盡心盡力，別無所求，則問心無愧。我不僅問校長：校長工作是什麼？同此之時也思考著：一個教育行政首長應該做的事是什麼？

校長到學校是去做校長的工作，是要去做事情的，不是去當官的。想要做事情就得先了解本身該做的事情是什麼，我當處長，也要一本初衷，做好處長該做的事。

我辦公桌上的名牌，前面寫著我的名字和職稱「處長王建龍」，內面寫著我的座右銘：「人人為我才有我，我為人人才是人」。

人人為我才有我，過去就是大家照顧我，給我機會，才有今天的我。當了處長就要為每個人服務，把每一個孩子教好，如果我沒有把處長的工作做好，沒有我為人人，那我就枉生為人。過去是感恩，現在是回饋，要懂得飲水思源，對自己負責。

處長的工作是什麼？我常自勉：擔任處長並不是為了要享受這個職位的尊榮，而是要讓每一個孩子在學校都可以受到良好的照顧和教育，並清楚了解教育現場的缺失和危機及因應之道，掌握教育政策的發展趨勢。

校長的存在價值就是解決校園問題，有理念、負責任的校長應該做什麼工作，他自然明白清楚並惦記著，只要對孩子有幫助的，都要盡最大努力去完成。有怎樣的校長就有怎樣的學校，好的教育全維繫於有好的校長。校長要本良知、盡本分，才能對得起學生們每天掛在嘴邊的那一句「校長好！」。而遴選優秀的校長來經營校務，和全校教師兢兢業業，讓每個孩子有感，則是我處長的重要工作。

另外，協助學校解決困難亦是處長的工作，校長在辦學過程中一定會遇到困難，校長該做的事就要盡全力去處理；至於校長能力所不及，處長就要主動介入協助，哪裡有校長不能解決的困難，我就要到那裡，要讓從事教育工作的校長有安全感，無後顧之憂。

因此，處長的工作幾乎是沒有範圍，每一項都是我的責任，甚至學校的工作也都是我的責任，我和教育同仁們只是分工而已，最後的責任全由我來扛，而大家一起努力得來的成果則要共享。所以，身為處長，我要有想法，也要有辦法。我要有辦法讓校長和教師都願意跟著我做，所以必須去思考、制訂好的政策，更要善於行銷推廣，請大家跟我一起來；如果碰到窒礙難行，大家一起討論，共同面對，適時做調整，形成共識。若能形成共識，動作就能一致，所有的教育作為才容易產生效果。

Ⅱ 從心開始，共好臺灣教育

好的想法不一定非要由我們親自實現，讓有心人來執行也很棒，只要理念實現之後，能對臺灣教育發展有所助益，我覺得都是值得的。

盡己所能，圓滿完成

人生的規畫，真的比不上時代的變化，時代的變化往往比不上長官的一句話。私人的工作要怎麼規畫很容易，但公務的決定不是個人所能左右的，有時我們有那個想法，也要有那個辦法，更要有那個機緣。就如以往我要擔任何種職務，也不是我想要就會有，更不是我想拒絕就可逃避。若這個工作需要你，不論你怎麼拒絕或逃避，該是你的，最後還是你的。我們要做的就是要好好做，把這職位的工作盡己所能，圓滿完成。就像民國八十七年我所承辦的區運，接連遇到兩個讓我終生難忘的颱風，但只要盡人事，做好該做的，老天爺是不會虧待我們，一定可以讓我們轉危為安。

因此，面對未來，如果能為教育盡點心力，提供的意見能受到重視，便已心滿意足。好的想法不一定非要由我們親自實現，讓有心人來執行也很棒，只要理念實現之後，能對臺灣教育發展有所助益，我覺得都是值得的。所以今天我想讓我的想法形諸文字，希望能引起社會各界的重視、共鳴。不管政府部門、家長、老師、教育同仁或者孩子，只要有共識，認為這樣做是對的，那大家就一起來共好臺灣的教育。

退而不休，傳遞理念

教育是一種傳承，是一點一滴的累積，我想每位教育同仁的努力，都是希望能在每個孩子成長過程中，留下一些實質的幫助。所以，在職的時候，就應扮演好自己角色，竭盡所能，做無私的奉獻，也就是所謂的守本分，盡本事，累積豐富經驗。而把好的經驗做好傳承，完整的交棒，讓下一棒更棒，則又是身為主管最重要的工作。

其實，自己也達到可退休的年齡了，不過，總捨不得對教育的那份熱誠。因為人在舞臺上，至少還有觀眾看；而好的演技，如果沒有其他演員來搭配，沒有觀眾來欣賞，那是不精彩的、沒有意義的。所以我會把握在舞臺上的每一天，當作是最後一天來使用，盡心奉獻，盡情表演。當然，總有一天要謝幕下臺，結束之後，身為教育人，將是永遠的教育人；如果能做志工、提供意見和分享經驗，我願意退而不休，繼續為教育做幕後的工作，甚至有團體或單位需要我，我都願意盡綿薄之力。

然而，最直接的問題就是退休後，要如何去面對生活中的每一天，沒有公文可以批核，沒有指令可以執行。但我想退休後，庭院中的那些樹與盆栽應該會提供我接續的工作機會，讓我每天都有事可做，再創人生價值。

如今我休假不上班的時間就是在種樹，所謂「十年樹木，百年樹人」，利用種樹的道理，引用在教育現場，日後我也希望能將教育現場感悟的道理，引回種樹的現場，然後將兩種道理相互融合，產生更大的教育價值。

在種樹過程中，我的體驗是，人才和木材是一樣的，「天生我材必有所用」，每一棵樹都有它的作用，我也常常利用機會蒐集好的樹木回來種，是集天下英「材」而「澆」之。同時每天有「澆」無「累」，不只澆水，還澆肥，且不感疲累。在教育現場是教育人才，退休之後是培育木材。木材雖是不動之材，但它是有生命的不動之材，我想我會轉換心境，把教育現場的校園轉換成滿庭綠樹的園地，在這裡把教育的理念傳遞延續下去，或和好朋友互相交流在教育現場中的所思所感。

逆濁流而上，記錄以諫當局

教育是百年大計，所以，窮不能窮教育，這句話相信沒人會反對。教育同時也是一種投資，投資則需要有成本概念，俗話說：「殺頭生意有人做，賠錢生意沒人會做」。只要是有優質效益，就不要擔心高成本；只要對孩子有實質幫助的，就不要去計較花費。反之，沒有效益的投資就是一種浪費。所以說：「雖窮不能窮教育，但辦教育絕不是花錢就能了事的工作。」

「為求快樂學習，所以苦不能苦孩子」，這句話值得大家深思。因為吃得苦中苦，方為人上人，不經一夜寒澈骨，哪得梅花撲鼻香，所以天將降大任於斯人也，必先苦其心志……。因此，沒有受過生存訓練、挫折教育的孩子又怎能面對不如意有十常八九的人生！

身為教育人歷經二十五個年頭，看盡春去秋來，細數忙碌歲月，一天又一天，一年又一年。一句「窮不能窮教育」，讓國家的教育投資逐年擴大從未吝惜，然不成比例的投資報酬率，實在令人感嘆！

觀之現今社會諸亂象：名嘴當道、光說不練、混淆視聽、只知話人長短，不思自我反省，唯恐天下不亂！已然成為臺灣社會主流。大眾傳播媒體利之所趨，好事不出門，壞事傳千里。為人師者，已忘初衷，朝九晚五，一日為師，終身領老師薪水的公務心態！當學生者，讀聖賢書未知所學何事，只要我喜歡，有什麼不可以！家長望子成龍、望女成鳳的期待，只要書讀好，苦不能苦孩子，終至大人要辛苦一輩子。各行各業為圖利潤，捨棄職業道德者天天時有聽聞，價值觀混淆的社會到處瀰漫的不是沒良心，就是沒道德。

以上形形色色、林林總總的問題不也都是接受國民教育栽培的人所製造的嗎？到底書都讀到哪裡去？顯然基礎教育真的出問題，也難怪社會上常流傳一句：「教育失敗」，這的確值得大家深思、面對及檢討！如果教育只是校園圍牆內的事，學校僅是核發畢業證書及給學歷的功能，出了校園又是另一種表現，試問，教育又有何用？相信偉大的孔子如果地下有知也會哭泣！

有感於要改變臺灣未來，消弭亂象，基本上還是要從基礎教育著手。以教育過來人，將公務生涯所見所聞為之紀錄，希冀喚醒教育當局能理性面對檢討現在的教育內容、方式、作法及法令規定，以改變未來的臺灣教育環境，相信「嘉義縣能，臺灣也一定能」。千言萬語只願與大家再努力，共同教育出有良心、有道德的下一代。

五、龍之展望

好嘉教
臺灣教育心視界

好嘉教：臺灣教育心視界
作者——王建龍
副總編輯——陳莉苓
特約編輯——袁中美
封面設計——職日設計
攝影——余信賢

發行人——王榮文
出版發行——遠流出版事業股份有限公司
100 臺北市南昌路二段八一號六樓
郵撥——〇一八九四五六—一
電話——二三九二—六八九九
傳真——二三九二—六六五八
著作權顧問——蕭雄淋律師
二〇一七年十月一日 初版一刷
售價新台幣三〇〇元
（缺頁或破損的書，請寄回更換）

遠流博識網
http://www.ylib.com
e-mail:ylib@ylib.com

好嘉教：臺灣教育心視界 / 王建龍 著
— 初版 — 臺北市：遠流，2017.10
面； 公分．—（綠蠹魚；YLH16）

ISBN 978-957-32-8055-2（平裝）

1. 教育 2. 教育政策 3. 嘉義縣

520.933/125 106013713